聞き語りシリーズ

リーダーが紡ぐ私立大学史❸

京都外国語大学

森田 嘉一

企画・協力 日本私立大学協会
著　　　者 平山 一城
発　　　行 悠光堂

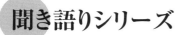

はじめに

森田嘉一は「教育一家」に生まれた。その系譜は、江戸時代の初期にまで遡《さかのぼ》るほど長い。しかも、幕末に京都周辺の治安維持に当たり、明治政府側に敗れた会津藩士の末裔である。会津（福島県）の子孫が京都に大学を作った。「京都外国語大学」はそのことでも関西では有名になったが、それにもまして、その建学の精神「PAX MUNDI PER LINGUAS（言語を通して世界の平和を）」は日本の私学界に異彩を放った。

森田が理事長・総長に就任して43年になった。急死した父親から引き継いだものだが、そうした教育一家の重みを「デスティニー（宿命）」と受け止め、学園の発展のために全力を尽くしてきた。

「大学の理事長というのはハードなもの」という。そのプレッシャーがどれほどなのか、この歴史を背負った者でなければわからないだろう。

敗戦直後の１９４７（昭和22）年、父の一郎、母の倭文子《しずこ》が大学の前身、京都外国語学校を創立した。この時、夫妻の一人っ子である森田は東京の高校に在学中だった。

父母は、ともに教員で、戦争中は教え子たちを戦争に送り出すつらい経験をしていた。「日本の若者たちを２度と、戦争に行かせてはならない」。建学の精神には、２人の切なる思いが刻み込まれた。

森田は、支援組織も持たず、ただ、京都にいた恩師や友人を頼りに徒手空拳で学校運営にのり出した父母の姿を見ていた。

その、逆境にも屈することのない会津魂、「不撓不屈」の心は、今、大学の教職員から学生までもが掲げるモットーとなっている。

森田は、その「建学の精神」に磨きをかけつづけてきた。自ら、戦争の悲惨さを経験したことが大きかった。

敗戦によって、幼年期に信じていたものの価値が１８０度転換する。まず、やってきたのが米国（アメリカ）流の民主主義だったが、実際に米国の大学に留学してみると、輝いてみえたその国にも影の部分が少なくなかった。

森田の視線はラテンアメリカ（中南米）へ、そしてアジア、ヨーロッパへと広がった。

「平和は、軍事力では達成できず、国どうしの相互理解が不可欠です。しかし、アメリカ流のやり方だけで世界が動くわけでもなく、そうわかった時、英米語ばかりでなく、『多彩な言語世界』を知ることの重要性を認識したのです」

この考え方を自ら「全方位教育」と名づけ、京都外大の教育の理念とした。

外国語学部の専攻語を増やし、同時に「マルチリンガル教育」として選択できる言語を19にまで増やした。交流協定のネットワークは、世界中の35カ国１６２大学に広がり、多くの留学生を迎え入れている。

「有望なグローバル人材を少しでも多く送り出し、社会に役立つ学園にしたい」。この〝ぶれない教育〟への取り組みに、半生をかけてきた。

２０１７（平成29）年、大学が創立70周年を迎えたのを機に、国際貢献学部を新設した。さらに２０２０年には外国語学部に、念願のロシア語学科を加える。

これにより、ほぼ世界の主要言語をカバーする「全方位教育」の完成形が見えてきており、創立者が掲げた「建学の精神」がさらにパワーアップされる。

「道はここから始まる。世界を見つめ、世界をつなぐ」。入学してくる学生たちへの森田のメッセージである。

「ここ」とは古来、世界をつなぐ道として栄えてきた日本文化の中心地・京都のこと。その街にあるキャンパスで、思う存分に世界の言語と歴史、文化を学び、逞《たくま》しいグローバル人材に育ってほしい、と呼びかける。

「私は、人が好きなのです。人が好きだから、教育界に長く身を置いて来られたのです」

このことば通り、森田の周りには人々が集まり、関係してきた教育団体、国際活動は並外れた多さになった。

日本私立大学協会（私大協）では副会長と関西支部長を兼ねて、すでに27年になる。一貫して、私立大学の国際化のために汗を流して来た。

外国から届く勲章や感謝状の数はおびただしく、地元・京都への貢献でも賞を受け、2008（平成20）年には、天皇陛下から「旭日中綬章」を授けられた。

大学の職員が述懐していた。

「海外から、教育関係者だけでなく、たとえば閣僚級の人たちも、『日本に行ったら、京都のモリタに会いに』と声をかけ合い、わざわざやってくるのです」

若いころから培った森田の人脈の広さ、深さへの驚きの表現である。

元号が「令和」に改められた。新時代の若者たちには明るい希望を持って歩んでほしいが、日本には少子高齢化や労働力不足などの難問が立ちはだかる。

外国人の観光客や労働者の増加は、日常的に異文化の人たちとどう向き合うか、「国内の国際化」という新しいテーマをもたらした。

しかし、だからこそ、「外国人に人気ナンバーワンの京都」で学ぶメリットがますます大きくなると森田は見る。

世界情勢が混迷を深めるなかで、「戦争の否定と平和への信念」をいかに現実のものにするか。学生たちには、平和を祈るだけでなく、自ら一歩踏み込んで、「平和を創る側」に立つことの重要性を訴えたい。

世界を見つめ、世界をつなぐ。そんなアグレッシブでタフな若者たちに期待したい。

本書では、衰えることを知らない教育への情熱、その遺伝子（ＤＮＡ）の秘密をさぐりながら、森田の人間像に迫りたい。

なお、名前をあげた方々の敬称は省かせていただいた。あらかじめ、ご了承願いたい。

２０１９年７月

平山一城

創立者の父と母と共に（1967年）

目次

第1章　「言語を通して世界の平和を！」

①不易流行、「令和」にも貫く建学の精神

▼上海で考えた、3代にわたる中国との縁

2019(平成31)年3月7日、森田嘉一は中国東海岸の上海市にいた。超高層ビルが林立する中国きっての近代都市である。

森田は毎年必ず、この地を訪れているが、今回は特別な思いがあった。

京都外国語大学が上海教育国際交流協会と1987(昭和62)年から共催してきた大学生の日本語スピーチコンテストが30回という峠を越えた。

31回目となった2018年、コンテスト名を「上海市大学生日本語プレゼン大会」と変えて、さらにパワーアップし、新たな歴史を刻み始めていた。

国内では、「全日本学生中国語弁論大会」を開いてきた。

この2つの大会に参加した日本と中国の大学生は1000人を超え、優勝して互いに訪問した大学生とその指導教員の数は240人近くにのぼる。

「大会はすでに、中日両国の大学生が相互に交流し、勉強するプラットフォームとなっており、中日の民間交流の典型的な例といえる」

上海市は、そう讃えて、2008年に上海市白玉蘭記念賞、2017年には白玉蘭栄誉

毎年行われている全日本学生中国語弁論大会

賞という賞を、それぞれ森田に授与した。

いずれも上海市の社会・経済を含む広範な文化交流に特に貢献のあった外国人の専門家や学者、企業経営者らを顕彰するものである。

３月７日は、これら「上海白玉蘭賞」の受賞者の会があり、この年１月で88歳になった森田も出席して、他の受賞者たちとなごやかに交流した。

上海市の近くに、森田が「かねてから、いちどは訪ねてみたい」と考えていた場所があった。江蘇省・南通《ナントン》市、２０１８年５月、その訪問が実現した。

森田の祖父母は、明治時代の末期から数年間、中国側の招聘を受けて、この南通の師範学校で中国人の子供たちの教育に携わっていた。

現在の「南通師範高等専科学校」の前身であり、学校には、祖父母に関する書類が保存されていることが分かった。

南通市は、上海から長距離バスで2時間ほど、大河・揚子江をまたいだ対岸にある港湾都市で、現在では、数多くの日系企業も進出している。

この地で祖父母の足跡をたどることができた。

その結果、祖父の一家が中国に滞在したのは6年ほどで、祖父の長男、つまり森田の父、一郎もいっしょに幼年期を中国で暮らしたことが改めて確認できた。

１９０２（明治35）年生まれの一郎は、小学校に入学する前に日本に戻るが、この時、日本語が十分でなかったため、小学校の先生から日本語の特別指導を受けた。

祖父は、中国の政治家で、実業家、教育家でもあった実力者に招かれたのだが、南通に赴く前すでに、東京の明治大学高等予科の教授をつとめながら、大学が中国人留学生のためにつくった「経緯《けいい》学堂」という学校の教師も兼ねていた。

日本に帰国した祖父は１９１４（大正３）年、同志とともに「東亜高等予備学校」を創立する。辛亥革命によって清朝が倒れ、中国に中華民国が誕生した直後だった。

中国からの留学生が急速に増えていた。

留学生たちに、日本の大学に進学するための補習授業を提供するのが東亜高等予備学校の目的で、周恩来、魯迅、周作人、陳独秀、李大釗、郭沫若、郁達夫など、その後の中国の運命にかかわる優秀な人材が学んでいたともいわれる。

一方の森田の祖母も、当時の日本の発達した女子教育の理念を中国に導入し、南通地区の幼児教育、女子教育の開拓者のひとりと称された。

森田は、祖父母の中国での足跡をたどることで、幼いころから「心にまとわりついている疑問」が解消されたという。

戦前、森田の東京の家には多くの中国人が出入りしていた。そして、折々に中華料理が作られて、朝食にお粥を食べることもあった。

そんな習慣が祖父や父親の中国での生活体験に由来することを、南通市に残る記録で理解できた。

何よりも、祖父母や父母がどのような思いで戦前、戦中を過ごすことになったか、その点を確認する糸口をつかめたことが大きかった。

「デスティニー（宿命）」――。父母が戦後創立した大学の経営を、自らが引き継ぐことになったことをそう表現する森田だが、歴史をたどると、この教育一家の真摯《しんし》な営みが浮かびあがってくる。

旧東北帝国大学を卒業した父、一郎は祖父と同じ数学者となり、太平洋戦争が激しくなるまで祖父の東亜高等予備学校で中国人留学生を教えていた。

一郎の妻となった倭文子《しずこ》は、義父や夫が東京の駐日中国大使館と深い関係を持っていたことから、大使館の子弟の教育係を引き受けて、英語やフランス語、音楽などを教えていた。だから、森田の幼少当時の家は、いつも、中国人留学生や大使館員の子弟たちが出入りしてにぎやかだった。

時には親たちも加わり、まさに異文化とのふれ合いの場といってよかったが、倭文子の教育係も日中が全面戦争に突入した1940（昭和15）年に廃止された。

創立者　森田一郎、森田倭文子

日中の友好を掲げて、親子でつないだバトンが断ち切られる。

しかし、森田の父母、一郎と倭文子はあきらめていなかった。「もういちど、世界の平和を実現する教育を」の理想は戦争中も、2人の胸のなかに燃えていた。

２人は終戦直後の１９４７（昭和22）年5月、京都外国語大学の前身である「京都外国語学校」を創立する。

これは端的にいって、戦争によって隣国との友好や平和が崩壊するという絶望的な反省から立ちあがり、「言語教育」によって世界の平和への道を確かなものにしようとする家族ぐるみの挑戦だった。

▼大学正門には、「建学の精神」がラテン語で

森田が今回の上海訪問から戻ると、4月1日に「令和」という新しい元号が発表された。ここに、「和」の文字があることに森田は注目した。

万葉集を出典としたこの元号について、考案者とされる万葉集研究の第一人者、中西進が読売新聞のインタビュー（4月17日付）で、次のように語っている。

「元号は文化であり、その根幹にあるのは国家のビジョン、それも行政上のビジョンではなく、文化目標です」

そう元号の意義を述べるとともに、大正も昭和も戦争が避けられなかった、と指摘した。「大きく正しくあろうとした『大正』では第1次世界大戦が起き、和をあきらかにしようとした『昭和』ではまた戦争を起こしてしまった」と。

正門に掲げられた建学の精神

だから「平成」には、天と地が無事であるよう、平和であるようにとの願いが込められた。そして、在位30年の記念式典での天皇（現在の上皇）のことばにあった通り、「近現代において初めて、戦争を経験せぬ時代」を持つことができた。

森田ははたと膝を打ち、「平和の実現」を建学の精神に掲げた大学として、そのことに寄与する人材を送り出せているかどうか、厳しく自問する思いだった。

京都外国語大学の正門正面にある8号館には、「PAX MUNDI PER LINGUAS（言語を通して世界の平和を）」の建学の精神がラテン語で掲げられている。

平和は、ただ祈るだけではなく、戦争の否

定と平和への信念を強く持ち、自ら「平和を創る側」に立つ精神を学ぶことの重要性を、森田は訴えてきた。

それは、「世界を見つめ、世界をつなぐ道」を模索していくことであり、中西のいう「国家のビジョン」に貢献できる人材になることだろう。

そのことを、森田自身も常に心がけてきた。

中国との関係では、２つのスピーチコンテストが開催されたこの30年間だけでも様々な曲折があった。ほぼ平成の時代と重なる時期である。

コンテストを共催する上海教育国際交流協会の会長、姜海山は「経済面にも大きな変化があったが、森田さんのおかげで２つの大会は今までつづいてきた」という。

共催がスタートした１９８０年代後半、中国では経済がまだ十分には発達していなかったため、国際的な教育交流イベントを開催する経費が不足していた。

森田はこの時期、日本で開催される弁論大会の費用だけでなく、中国のスピーチコンテストの費用も負担していた。

90年代に日本のバブル景気が崩壊し、私立大学である京都外国語大学の経営も決して楽ではなかったが、森田が大会開催にかける情熱を失うことはなかった。

姜海山には、２０１２（平成24）年、尖閣諸島（中国名・釣魚島）をめぐる問題で日中関係が緊張し、上海のコンテストは中止となるなかで、日本国内の弁論大会は森田の強いリーダーシップでどうにか期日通りに開催できたのが強く印象に残っている。

何が国のためになるのか、「国益」ということばがあるが、それを判断するのは簡単なことではない。

国と国との間で問題が発生した時、一時的な激情によって行動することは危険性が伴う。それまで積み重ねていた大事な関係を損なってしまう。国際問題は常に「国益」を考えつつも、幅広く長期的な視点で考えていくことが重要なのだ。

そう確信する森田は、新しい時代を迎えるに当たって次のように語っている。

「学園は２０１７（平成29）年に70周年を迎えました。創立者らの先人、卒業生、教職員のおかげで発展し、巨木ではないけれど、それなりに社会に根を張り、存在意義も深まっています。そして平成だけでなく、学園のスタート時からの70年余、日本が平和で、戦争を味わうことなく過ごして来られたことに感謝したい気持ちです」

京都外国語大学は創立70周年を経て、「グローバルな心を培った、多くの優秀な人材を世に送り出すまでに成長した」と自負している。

語学教育や国際社会で活躍する卒業生のほかにも、外交官、自衛官、弁護士、公認会計

京都市内のホテルでの記念祝賀会

士（ＣＰＡ）として働いている人たち、「社会の大切な仕事で、生涯を通じて貢献している卒業生」も多数みられる。

なかには、芸術院賞、恩賜賞に選ばれた尺八奏者や、京都外大に在学時の授業の様子をいきいきと描いて芥川賞に輝いた小説家、映画評論家、オリンピックのスポーツカメラマン、ニュースキャスターなど個性的な才能の人たちも輩出した。

学生時代は海外ボランティア活動にいそしみ、のちに、政治の世界に目覚め、地方都市の議員や衆議院議員として活躍している卒業生もいる。

２０１８年度の就職率は97・７％である。全体の70％近くが女子学生で、航空業界を目指す学生のための「エアラインスタディプログラム」などに定評があったが、最近は、就職先も格段に広がり、男子学生の健闘ぶりも目立っている。

京都は昔から、世界に開かれた「日本文化の中心地」である。

「ここで世界の言語と歴史・文化を思う存分に学び、よりグローバルな人材として社会に貢献できる道を選んでほしい。京都はまた学問の都市でもあり、あらゆる体験を成長の糧にし、世界を舞台に輝ける人間力を育んでほしい。これからの日本の国家ビジョンはどうあるべきなのか、それこそ令和の時代に『和をさらに強調すること、ただの和ではない、令が意味する〝麗《うるわ》しい〟和を築くこと』が私たちの建学の精神をいっそう高めることになると思います。そのためにも『京都で学ぶことの有利さ』を、新しい時代に貢献するエネルギーに変えてほしいと力説しています」

森田は、大学の理事長・総長の顔になっていた。

▼創立者の父の急死、学園の運営を引き継ぐ

森田にとっての最大の転機は、突然やってきた。

1976（昭和51）年8月28日（日本時間29日）、父の森田一郎がハワイのホノルルで

脳溢血のため倒れ、急死したのである。74歳だった。

一郎は、メキシコのグアダラハラ自治大学から「教育学名誉博士」の学位を受けることになり、7月29日に日本を立ち、授与式や会議に出席して、帰路、ハワイに立ち寄ったところだった。

京都外国語大学は１９６３（昭和38）年、外国語学部に英米語学科につづく2番目の学科としてイスパニア（スペイン）語学科を開設して、「ラテンアメリカ」との交流関係を強めていた。

特にメキシコとの間では、１９７１年に在京都メキシコ合衆国名誉領事館を大学内に設けて関係を深め、１９７４年にはグアダラハラ自治大学と学生交流協定を結んでいた。

そうした交流関係が活発化しはじめた矢先のこと、血圧の高いことに不安はあったもののエネルギッシュに働いていた一郎の死は、学園全体に大きな衝撃をもたらした。

しかし、学園の結束はかたく、一郎の長男であり、その8年前から京都外大の教授、さらに総長補佐となっていた森田を理事長・総長として学園運営の継続をはかることで一決した。

森田は１９７６年9月10日、父の死からわずか12日というスピードで「学校法人京都外国語大学」の理事長・総長に就任した。

9月22日、大学付属の京都西高等学校（現・京都外大西高等学校）体育館で催された一郎の学園葬には、3000人にのぼる参列者があった。

「私は当時、いっかいの教員であり、学園の役員でも理事でもありませんでした。父のアシスタントのような仕事はしていましたが、学園の運営を任されるとは思っていませんでした」

森田はしかし、この環境の急変にも、「デスティニー」ということばを胸に粛々と学園運営に取り組むことを誓った。

「大学は学生、教員、職員の『運命共同体』であり、一致団結して進んでいくしかないのです。教職員の人たちの意見を聞き、学生たちの希望が叶えられるように努力する、そのことを肝に銘じました。リーダーとしての私の役割は、学園という船がその航路をしっかりと見据えて、前進することだったのです」

理事長・総長に就任して43年、この決意はいまも揺るぎない。

戦前から中国人留学生の教育に心を砕いていた父、一郎にとって、大学に中国語学科を設けることがひとつの目標になっていた。

それは、亡くなる2年前の1974（昭和49）年に実現していた。戦後、中国大陸に誕生した中華人民共和国と日本との国交が正常化され、中国語学科の開設が一挙に進んだのだった。

しかし森田には、父に見せてやりたかったもうひとつの「慶事《けいじ》、うれしいできごと」があった。

１９７８（昭和53）年9月、当時、皇太子妃殿下であった美智子様に京都の学園をご訪問いただいたことである。

「父が亡くなってわずか2年後のことでしたから、存命であれば喜んでくれたと思うのです」。今回の天皇の譲位にともなって、皇后の位を退き、上皇后となられた美智子様の長年の苦労をおもんぱかりながら、森田はそう述懐した。

実は、京都外国語大学は、その誕生の時から、皇室との縁が極めて強い。

昭和天皇の弟、秩父宮雍仁親王の妃となられた勢津子妃殿下は、森田の父母と同じ福島県・会津に生まれた。旧会津藩主・松平容保《かたもり》の息子で外交官だった松平恆雄の長女である。

森田の母、倭文子の大伯母は旧会津藩士で、西郷隆盛とならぶ人望家とうたわれた佐川官兵衛の妻であり、伯母の佐川しげ子は秩父宮妃殿下の女官をつとめたことがある。

妃殿下は、倭文子がその女官の姪《めい》であることを知っておられた。

このことから京都に創立されて間もない学園に心を寄せ、1958（昭和33）年に初めて学園を訪問した際には、わざわざ教室に入って、講義ばかりか英会話クラブ（ESS）など学生の課外活動まで親しく参観するなど、学園の発展を願われた。

その後も妃殿下は繰り返し、学園を訪れているが、ほかにも三笠宮殿下、高円宮殿下と皇族方がしばしば訪問するようになっていた。

幕末の会津藩の悲劇は、藩主の松平容保が徳川幕府の役職である「京都守護職」に任命されたことに始まる。薩摩（鹿児島）や長州（山口）などが中心となり諸藩が幕府を倒す方向に進むなかでも、会津は幕府への忠義を最後まで貫いた。

しかし、戊辰《ぼしん》戦争で幕府軍は敗れ、会津は新政府軍から「逆賊」として扱われた。明治以降も長く「朝敵《ちょうてき》、朝廷に歯向かった者たち」といういわれのない誹謗《ひぼう》に苦しんでいた。

1928（昭和3）年、その松平容保の孫娘に秩父宮との婚儀の話がまとまり、秩父宮妃殿下となられた時、会津では町をあげて祝賀会が催され、児童・生徒による旗行列や提灯行列も繰り出したほどだった。

京都外国語大学の創立者夫妻は、その会津出身という宿命を背負って、未知の土地である京都で学校経営を始めた。

「確かに、京都は父母にとって初めての土地でした。そこで細々と始めた学園には、秩父宮妃殿下の励ましがどれほどありがたいものだったか。会津と京都、この２つの地はまぎれもなく、１本の地下水脈により深いところで結ばれている。美智子様がおいでになった時、その思いをさらに強め、亡き父に報告したのです」

父の突然の死で学園運営を引き受けた時から「私の苦難が始まった」と苦笑する森田だが、リーダーになって気づいたことがある。

「組織のトップになると、予想もしない風がいろいろな方向から吹いてくる。へたをすると吹っ飛んでしまいますが、親父《おやじ》がそれを防ぐ壁を作っておいてくれたことが分かったのです」

そのことで父親の教育にかけた思いを再確認し、「人間を育てていく」という教育を楽しみながら学園を運営できるようになった、という。

▼「国際的に通用する人材」で、〝ぶれない教育〟

森田は理事長・総長に就任して12年後の１９８８（昭和63）年から１９９２（平成４）年までの４年間、自ら京都外国語大学の学長をつとめている。

就任前年の創立40周年を契機として、学園は諸施設の数を増やすとともに規模も拡大し、さらなる発展を目指そうとする時期にあった。

日本経済は１９８６年に始まった、のちにバブル景気と呼ばれるほどの絶頂期にあった。学園の経営者としての森田は、法人局内に「企画事業部」を設置して、収益事業にも重点を置く施策を打ち出していた。

一方、学長としての森田には、１９９１年のいわゆる「教育課程の自由化（大学設置基準の大綱化）」に象徴される大学改革の転換点となる難しい時期が待ち受けていた。

大学改革は、90年代の出生率が急速に落ち込むことで、日本社会が委縮しかねないとの予測に歩調を合わせるかのように進められた。しかも、頼みの好景気はバブル（泡）のようにはじけて、長期の不況へと転落した。

18歳人口は１９９２（平成４）年の２０５万人から２０００年には１５１万人に落ち込むことが予想された。その傾向は21世紀に入ってますます加速し、日本の高等教育、大学の経営面を脅かす宿痾《しゅくあ》になり始めた。

若年人口が減少しても高等教育を受けたいという入学志願者が増えることで一息ついていた大学も、「高望みをしなければどこかの大学に入れる」いわゆる全入時代を迎えるにおよんで、競争はいよいよ厳しさを増していた。

この時、森田は腹をくくった。

「少子化という冬の時代は寒さを増しながら永遠につづいていく。しかし、良い教育をする以外に解決策はない。努力なしに『春』は来ないから、こちらから呼ぶほかはない。それは、優れた人材を社会に送り出せるかどうかにかかっている」

生き抜くための「適者生存の原理」の厳しさを噛みしめていた森田は覚悟を決め、学園の仲間たちに向かって「守りに入らずに飛躍を目指そう」と呼びかけた。

このころ、つまり学長の在任期から１９９７（平成９）年の創立50周年ごろにかけて、森田が実践した施策を列挙してみよう。

大学は英米語、イスパニア（スペイン）語、フランス語、ドイツ語と学科を増やしてきたが、１９９２年に７番目の学科として「日本語学科」を開設した。

グローバル化の進展で日本が経済、文化さらには日常生活にまで海外との交流が活発になるなかで、日本語および日本文化を修得して国際的に活躍できる若者たちを養成することが急務と考えられた。

そのためには、まず外国人に日本語を教える教員や、日本語を通して日本文化を紹介できる人材を育てなければならないと、森田は日本語学科の設立を断行する。

アジアやヨーロッパで日本語を学ぶ高校生、大学生を日本に招くほか、ヨーロッパでは各国で日本語を教えている教員を毎年夏、ドイツのベルリンに集めて日本語学科の教授による日本語セミナーを開いた。

「日本語学科は本学の創立45周年という節目に設立しましたが、私としては、国際語となっている日本語を勉強してもらおう、各外国語のことばに〝かんぬき〟を入れるためには、日本語が基礎とならなければと考えたのです。しかも、日本文化のふるさと、京都に学校があるわけですから、なおさらのことです」

そう述懐している。

折から大学には、大綱化によって、一般教育と専門教育の枠組みにとらわれない個性的なカリキュラム編成が求められていた。

京都外大としては、教育内容の活性化を促進するため、選択幅の大きいカリキュラムへの再編を急ぐとともに、建学の精神を学生たちに浸透させることにつとめた。

総合科目として「言語と平和」というカリキュラムを組み、大学でも短大でも1年生の必修とし、この関連授業では森田自身も、学長を離れた後まで、教壇に立ちつづけた。

もうひとつは、情報技術（ＩＴ）の進展への対応だった。

社会人の生涯学習（リカレント教育）が叫ばれるようになり、社会人への門戸を開き、海外の大学との交流をさらに拡大する。

この時期、森田は１９９１年に文部省の大学設置・学校法人審議会の委員、翌年には日本私立大学協会（私大協）の副会長兼関西支部長などの公職にも積極的に参画しながら、次々と大学改革のための手を打った。

そこでは、「宿命」として受け入れたものが、学園を経営と教育の両面で力強く率いていかなければならないという「使命」を帯びるようになっていた。

森田は、「学園の50周年まではホップ・ステップの段階、その後はそれまでの蓄積を生かしてのジャンプの時代」と仲間たちを鼓舞した。

それは、21世紀には「国際化を超える時代が来る」としながら、「しかし、軽薄に流行を追うような真似は禁物」と口を酸っぱくして繰り返すリーダーの姿だった。

森田には「不易流行」という好きなことばがある。

江戸時代の俳人、松尾芭蕉が提唱した俳諧の理念のひとつとされるが、世の中がどう変化しても不変なるものが「不易」であり、その時々に応じて変化してゆくものが「流行」である。

一見すると対立する概念と思われるが、実はそのバランスに妙がある。

芭蕉のことばを現代語にすれば、「良い俳句が作りたかったら、まずは普遍的な俳句の基礎をしっかりと学ぼう。しかし時代の変化に沿った新しさも求めないと、陳腐《ちんぷ》でつまらない句しかできないから、気をつけよう」とでもなろうか。

大学も同じことで、それぞれに「変えてはならない基本」がある。そのことを忘れて、「新しいさ」ばかり求めても、実を伴うものにはならない。

私立大学の建学の精神は、それぞれが守るべき基本である。

森田の大学には、「国際平和に貢献する」という他の大学にはないユニークな建学の理念が生きている。そのことを押さえたうえで、改革努力をつづけることが大切だ。

「私の両親は、教え子を学徒出陣によって戦場に向かわせていました。日本が2度と若者たちを戦争に送ることのないよう世界平和を実現したい。戦前から、言語を通して外国人と交わるという貴重な経験があり、それを活用することが、戦争を生きた自分たちの責任を果たすことになると考えたのです」

これが京都外国語大学の「不易」である。

グローバル社会に通用する人間を輩出する、というが、では何が必要なのか。

金儲《もう》けだけが頭にあり、いつしか「自分たちの国さえ豊かになれば」という一国主義に陥った人たちをバブル期に見ていた。

日本製品は世界中で愛用されるのに、肝心の「日本人の心」は伝わっていない。経済的な利益しか考えない国家では、真の友人を持つことは不可能である。

平成の30年はまさに、そうした日本人の心性をどう打開するか。そのために自らの大学は何をなしうるか。その挑戦の連続であった。

「学生には、こういうのです。語学の勉強は非常に大切なことだけれど、言語はコミュニケーションの手段、武器に過ぎない。人と人との心のふれ合い、相手の喜び、悲しみ、痛みを知る努力が重要なのですよ、と」

そのうえで「外国とのつき合いでも、単なる商売の尖兵や通訳に終わらずに、その国の人々の間に溶け込んでいけるような人間になってほしい」と訴える。

②それは「デスティニー（宿命）」そのもの

▼14歳で迎えた敗戦、「軍国少年」の日々は

京都外国語大学が「京都外国語学校」として創立されたのは１９４７（昭和22）年5月18日である。

終戦から1年9カ月、森田の父、一郎と母、倭文子は、このわずかな期間に初めての土地、京都で外国語学校をスタートさせるという驚異的な行動力をみせた。そこには、同じ会津という故郷を持った2人の絶妙の連携プレーがあった。

当時を知る関係者の証言によると、一郎はどのような時でも泰然としており、学者の風格をそなえていた。「声を荒げたのを聞いたことがない」といわれるほど温和で、平和の「和」を信条とした。

一方の倭文子は「ならぬことはならぬ」という会津藩の教えに象徴される厳しさを秘め、やがて学園のモットーとなる「不撓不屈」を信条としていた。

対照的ではあったが、互いに認め合う仲睦まじい夫婦であり、「会津の精神」を学校の運営にも生かそうと考えていた。

それは、どんな困難に遭遇しても、ためらわずに道を切り開いていこうとする意志と行動力にあらわれた。

「この創立者の精神こそ、私たちが引き継いでいかなければならないもの」。一貫して森田の大学で聞かれる理念である。

一郎は戦前、父とともに中国人留学生のための「東亜高等予備学校」で教えていたことはすでに述べたが、やがて、芝浦工業専門学校（現・芝浦工業大学）に数学の主任教授として招かれた。

戦時中は、学徒動員の学生らとともに過ごしている。三重県・鈴鹿の海軍工廠の技術教官もつとめており、しばしば動員学生を東京から連れていくことがあった。その折に、一郎は京都に足を伸ばし、知人たちと交流していた。

このなかには､東京の開成中学の同級生であった哲学者､田中美知太郎（京都大学教授）や考古学の酒詰仲男（同志社大学教授）、さらには旧制水戸高等学校での恩師など錚々《そうそう》たる知識人たちがいた。

のちに詳述するように、この人たちが、大学を立ちあげる際の強力な支援グループを形成する。

「あの戦争では日本のあらゆる産業が痛手を受けますが、それ以上に人の心も傷つきました。父にとっても敗戦は相当ショックであったようです。武力衝突に敗れたことが悔しかったというよりは、戦前の日本外交の不手際や、施政者たちの国際感覚のなさに痛恨の念を感じていたのでしょう」

森田は、当時を振り返りながら、次のように一郎の心情を代弁する。

開国以来、日本は欧米列強に追いつけ追い越せとばかりに富国強兵をはかり、周辺諸国には帝国主義的な拡大策をとっていた。しかし、それはしょせん島国の国策に過ぎず、結局、狭隘《きょうあい》な見識しか持たない指導者たちが国民を戦争へと導き、アジア諸国からも多数の犠牲者を出してしまった、と。

「父は、このままでは日本は世界の孤児になってしまう、これからの人たちはもっとグローバルな、国際的な視野を持った人間にならなければいけないと考えて、この学校を設立したのです」

では、その一郎の長男である森田自身はどうだったか。森田は自ら、「会津二世」と名のることがあるが、実際は１９３１（昭和６）年1月24日、東京都新宿区富久町（当時は牛込区）に生まれた。

１９４５（昭和20）年８月15日の終戦の時、14歳、東京の私立の名門、旧制麻布中学校の生徒だった。

戦時中の森田は自らを「太平洋戦争の影響を１００％受けた軍国少年」というほど、戦争一色の環境のなかで生活していた。

「政府の命令によって軍需工場で働かされ、学校に行くのは週のうち2日か3日という生活でした。ですから、勉強の面では非常な不利益をこうむったわけです。私の責任ではありませんが、今でも後悔の気持ちが残っています」

敗戦はやはり、ショックだった。連合国軍最高司令官総司令部（ＧＨＱ）による占領が始まる。それまでの社会の価値観が１８０度、いっぺんに転換する。

「毎日のように空襲があり、いつ死んでもおかしくない状況でした。戦争中の学校には兵隊が来ていて、教える内容ににらみをきかせていましたが、その体制ががらりと変わり、アメリカ流の民主主義が絶対の価値を持つようになるのです。私自身は、民主主義というものを強制的に勉強させられることに、ある種の矛盾を感じていたのです」

そのような思いが、祖父や父が専攻した数学とはまったく対照的な「国際政治」を専門分野に選ばせた。「ですから家系的に見ると、私は異端ということに……」と笑うのだが、そこには敗戦による社会転換が影を落としていた。

１９４９（昭和24）年、麻布高等学校を卒業すると、森田は都内の成蹊大学政治経済学部に進む。さらに慶應義塾大学の大学院で法学修士を取得した。

１９５６（昭和31）年４月から、京都外国語学校から昇格した京都外国語短期大学の講師をつとめ、１９５８年、27歳で米国ニーヨークのコロンビア大学に留学する。

「民主主義の本尊といわれたアメリカで勉強する」。そんな目的の留学だったが、訪米してみると、その視野はラテンアメリカへと広がり、「全方位」的に世界を俯瞰することの大切さを学ぶことになる。その詳細はのちの項で述べよう。

だから、父や母が京都で外国語学校を軌道にのせようと悪戦苦闘していた時、森田は東京で勉学をつづけていたことになる。

しかし、父母は、学校を運営する資金が不足するたびに、しばしば東京に戻って資金繰りに奔走していた。すでに10代半ばになっていた森田はそのころのことをおぼえている。

▼「復興は言語教育から」、徒手空拳で京都に

GHQの占領下では、敗戦翌年の1946（昭和21）年3月に米国の教育使節団が日本の教育事情の調査を実施した。その報告書にもとづいて1947年4月、学校教育法が施行され、6・3・3・4制を基本とする学制改革が進められた。

一郎の京都外国語学校はこの年の5月、戦災を免れていた京都市内の百万遍の地（現・左京区田中門前町の知恩寺境内）で開学したが、新しい学校制度への過渡期にあったため、扱いは旧制の専門学校に準拠するものだった。

それも「左京厚生会館」という施設の一隅にあった保育園との同居というもので、ここを当面の仮校舎に決めたのが開学直前の4月29日、一郎が校長に、倭文子が学監に就任し

た。

教員人事の手配をはじめ机や椅子、印刷用具、黒板などをそろえながら、5月12日の入学試験に間に合わせるというあわただしさだった。

5月18日に84人の入学生と来賓らを迎えて開学式と入学式を挙行し、ようやく5月20日に授業開始にこぎつけた。

一郎は、1年後の「京都外語新聞」創刊号（1948年5月1日付）に次のように述べている。

「（私は）昨年冬2月、全関東私学連合会より関西出張の命を帯びて入洛したが、そのことが本校創立の起因になるなどとは、夢にだに想像しなかった。しかし、4月2日の再度の入洛によって、人間としての責務と教育者としての良心にふるいたち、最悪の条件のなかに本校の運命を開拓することになった」

森田は、一郎のこの「教育者としての良心」という表現に、戦争で犠牲になった教え子たちへの思いが込められていると考える。

国敗れて山河あり、敗戦で焼け野原になった日本では民主主義社会への転換とともに外国語、とくに戦時中は「敵性語（敵国の言語）」として学校で教えることを禁じられた英語の学習意欲が高まっていた。

毎週平日の午後6時から15分間放送されたＮＨＫラジオの英会話教室「カムカム英語」は、証城寺の狸囃子のメロディーにのせた替え歌、

「Come, come, everybody. How do you do, and how are you? 」

で人気を博した。

１９４６年2月に始まった番組は、当時ＮＨＫの国際部アナウンサーだった平川唯一が16歳から滞米20年の経験を生かし、実践的な英語話のテクニックを茶の間に届け、１９５１年まで5年間つづいた。（余談だが、平川は一郎の外国語学校、短大の名誉講師もつとめた）

すでに記したように森田の父母は教え子たちを戦場に送り出し、その多くを死なせている。一郎は、戦没学徒の冥福を祈って位牌を作り、のちには、自分の位牌とともに森田家の菩提寺に安置するよう指示していた。

外国語学校には、戦争に生き残り、「言語を通して世界の平和を」の理念の大切さを身をもって経験した復員兵たちも集まってきた。

森田は、そうした学生を呼んで、なかなか入手の難しい一升瓶の酒を注ぎながら、未来への希望を語って励ます父の姿をみていた。

自分たちの理想の学園を創設する、それは彼ら、若い人たちへの教育者としての「贖罪《しょくざい》」の意識が働いた。息子の森田には、そう思われた。

「われわれ大人が戦争を止められなかった」という切実な反省であり、「教育者としての良心」という表現に込められた。

信なければ立たずという。しかも、他のどの世界よりも「信頼」を失えば成り立たないのが教育であることを２人はわきまえていた。

天から託された道は、少しでも早く外国語を学べる学校を作って、戦場から帰還してくる青年たちにも門戸を開くことだ。

一郎と倭文子は、そう信じたに違いない。

開学式から４カ月後の１９４７年９月23日、百万遍の仮校舎から、１００万円の私財で購入した中京区西ノ京内畑町の旧京都経理学校跡に移転した。

そして翌10月には、学校教育法第８章にもとづき設置された「各種学校」として京都府の正式認可を受けた。

文部省からは、旧制専門学校と等しい資格を得、本科の一部課程の生徒には、２年後にスタートする新制大学への入学資格も認められた。

終戦直後の大混乱は収まる兆しを見せ始めてはいたが、学校の経営は苦しかった。新しい校舎も、老朽化した木造の校舎が2棟で、訪ねる人も、「失礼ながら、こんなところで授業を……」といぶかるほどだった。

創立当初は1本の鉛筆、チョークすらままならず、用務員を雇うことなど及びもつかない財政状況だった。倭文子は毎日、早朝から出勤し、校舎の内外、トイレまでもひとりで清掃し、雑巾がけもしていた。

生徒の登校時には校門に立って「おはよう」と声をかける。すると生徒たちも親しみをこめて「マダム、おはようございます」とあいさつを返してくる。やがて、生徒たちも自発的に清掃の手伝いをするようになり、始業前には清掃を終えて授業を始めることができるようになった。

それでも資金が不足すると、東京に帰って私財を次々に処分する。

森田は、倭文子が東京の焼け出された自宅跡地や会津にあった土地までも不動産屋に売り払って、その現金をリュックに詰め、戦時中の焦げ跡が残った防空頭巾をかぶって京都に戻るのに同行したことがあった。

不撓不屈を身上とした父母も、さすがに「ある時はいやになり、ある時は力尽きて東京に帰ろうかと思った」と弱音を吐くことがあった。

しかし、くじけなかった。いつも励まし合いながら、夢を未来に託して問題の打開策を考えた。

苦しみを生徒や教職員に訴えるわけにはいかない。夢の実現に挑んでいく気概を失えば人の気は沈んでしまう。「逆境にあっても人の気を起こし、人の気を高めることのできる者」こそ、リーダーと呼ばれる。

この気概だけは、捨てることがなかった。

▼短期大学、そして４年制大学へジャンプ

学校教育法の制定と大学基準の策定により、１９４９（昭和24）年、多くの国公私立の旧制高等教育機関が怒涛のように新制大学への転換を果たしていく。

しかし、その実態は未熟なものだったといわれる。

「出てきた書類を見ますと、実に書類そのものが不備である。教授陣が不備である。また不備でなければ、非常なからくりがある。新制大学とは、こういうふうにできた。これは猫に鰹節《かつおぶし》のようなものでありまして、どこの猫もそれに食いつきたがる」

大学設置委員会で審査に当たった東京大学名誉教授、戸田貞三はそんな感想すら述べていた。（大崎仁著『大学改革１９４５～１９９９』）

間もなく、大学設置委員会から「甘い審査をもってしても不合格になる学校の救済策」として、2年制大学の設置を求める要望書が提出され、学校教育法の改正によって「当分の間」の暫定措置として短期大学が法制化され、翌年から実施された。

京都外国語学校も、文部省令による大学設置基準に達していない、しかし新制大学への認可を待つ小規模な学校のひとつに数えられていた。

「猫に鰹節かどうかわかりませんが、私の両親はこの機を絶対に逃すまいとしたのです」

当時、東京の麻布高校に在籍し、大学受験を控えていた森田は、この時のことはおぼえている。短大昇格を求める申請書を文部省に提出するため、倭文子がたびたび東京を訪れていた。

まず、文部大臣の許可する財団法人とするため、学校の目的、組織、業務執行などについての基本原則「寄付行為」を定める。理事長を決め、施設を整え、教員をそろえる。短大への道は意外に遠く、厳しかった。

開校後わずか2年余り、という歴史の浅さ、知名度のなさが響いていた。

それでも2人は追加申請を繰り返し、年が明けた。ところが、認可に手が届きそうになった矢先の1月13日、短期大学の初代学長に予定した文学博士、折竹錫《おりたけたまう》が死去するという予期しない不幸に見舞われる。

急遽、１月20日の理事会・教授会で、理事に就任してもらっていたドイツ文学の小牧健夫に学長を依頼することを決めた。

当時の京都新聞によると、文部省との交渉を任された倭文子は、大学学術局にもしばしば顔をみせた。それまで「女性ひとりでここを訪れるものはなかったので、職員たちの間で『奥さん先生』と評判」になっていた。

そして運命の日がやってくる。

３月に入り、倭文子は、「もはや為しうることはすべてやりおおせた思い」で東京に向かった。汽車の切符も、入手するのがままならないころであったが、情報を一刻も早く知りたいと10日近くの間、東京にとどまった。

文部大臣の正式認可を受けたのは３月14日だった。時を移さず、倭文子は京都の一郎に電報を打った。

「カンゲキノ　ナミダコボレテ　コトバヲシラズ」

思いのたけを、最高の喜びを、最も簡潔なことばで表現した。

「京都駅で夜更けにもかかわらず、倭文子女史の到着を待つ森田一郎総長そして教授、学生たちの姿があった。戦後、荒れた古い京都駅のホームでみんなから胴上げされ、生涯忘れ得ぬ思い出となった、との感想を女史は残された」

京都外大が編んだ『絆の結び目』には、そう記されている。

短大昇格とあわせて、現在の右京区西院笠目町の地に本拠を移す。西ノ京内畑町の木造2階モルタルのそれまでの校舎は、1階に一郎・倭文子夫妻と総務課長夫妻が住み、2階は職員と学生の寮として、何人かが使用していた。

一郎らはここを「本部」として、西院の新学舎に自転車で通った。周囲にはまだ農家もあったころで、本部の食堂裏にあった養豚場から逃げ出した豚が、事務所に入り込み、廊下を歩いているのが目撃されたといった話も残っている。

二条城に近く、大陸からの外交使節を迎えるなど古くからの国際交流の由緒ある場所ではあったが、老朽化が激しく、森田が学長だった1990（平成2）年、一時倉庫に転用していたこの旧本部の建物は取り壊された。

学園は財団法人を経て、1950（昭和25）年3月に施行された私立学校法に沿って「学校法人」とする申請を提出し、1951年2月に認可された。

この結果、大野木秀次郎（参議院議員）と一郎は、それぞれ学校法人京都外国語学園の

旧学園本部

理事長、総長に横滑りした。そして、この時から「４年制大学の設置」に照準を当て、教職員一丸となって学内体制の充実に奔走する。

そして１９５９（昭和34）年、国内では最初の設立となった私立の４年制外国語大学が誕生する。翌年、学園名も学校法人京都外国語大学と改められ、その後、言語学科を着々と増やしていくのである。

一方、短大の法的位置づけは、１９６３（昭和38）年に暫定措置の規定がはずされ、「大学」のひとつとして、高等教育の一翼をなす恒久的制度となった。

現在の京都外国語短期大学は、キャリア英語科（夜間２年制）にビジネスコースとアカデミックコースの2つをそろえ、受験生のニーズにこたえている。

ビジネスコースは、グローバル社会で働くためのビジネススキルと教養を身につける学習に重点をおき、就職率81・8%(2017年度卒)を誇る。

一方、アカデミックコースでは、4年制大学への編入学に必要な英語力や教養科目が学べ、京都外大に編入学する場合は、入学金が50%免除になるという。

▼父母の多彩な「京都人脈」が大学に輝き

一郎と倭文子が私財を投げうって創立した外国語学校は、開学から3年目には短大に、その9年後には4年制の大学にと昇格した。ここには、これまでみてきたような夫妻の戦後教育にかける情熱と、並々ならない努力があった。

私立大学は、裕福な資産家や宗教系の団体の支援を受けて創設されるケースが少なくないなかで、これだけの短期間に、しかも初めての土地で大学創立を実現できた背景には、夫妻の培った「人脈」という大きな資産があった。

一郎は福島県の会津若松で生まれたが、わずか2年後の1904(明治37)年には、旧制会津中学校の数学教師だった父親が明治大学高等予科の教授に就任したのに伴って、東京に移り住んだ。

東京・神田の錦華小学校から名門の旧制開成中学校に進む。さらに親のすすめもあって医学の道に進むべく、いったんは慶応義塾大学医学部予科に籍を置いた。ところが、病魔に侵され、自らの体力に自信を失うなど挫折を味わい、進路を転換して開学したばかりの旧制水戸高等学校（茨城県）に移った。そこからさらに、仙台の東北帝国大学理学部で学び、父親と同じ数学者の道に入る。

開成中、水戸高時代の一郎は、良き師、良き友人に恵まれた。一郎自身、「人生の再出発を始めるために水戸はこのうえもない環境であった」と述懐する。

「父は戦争中、動員学徒をつれて東京から三重県・鈴鹿の海軍工廠に行っており、足をのばして京都の知人、友人たちを訪ねていました。京都には、開成中や水戸高で知遇を得た恩師や友人たちが住んでいたのです。実は、短大の学長に予定していた折竹先生が急逝された時、その代わりを引き受けてくれた小牧先生は、父の水戸高の恩師で、当時、京都に住んでおられたのです」

森田は、父のこうした恩師や友人とのつながりが、学園を早い時期に成長軌道に乗せた最大の要因だったとみている。

「豪放磊落《らいらく》な反面、人情の機微に通じ、人間としての懐の深さを持っていた。人の『和』

を重んじ、たいがいのことを許し、たいがいの人を許した」

そんな人柄だったという一郎の人間としての魅力が、新しい土地に「支援者の輪」を広げていた。それが、生まれたての学校が試練に直面するたび、救いの手になった。

水戸高では、小牧健夫と相良守峯《もりお》という日本を代表するドイツ文学者2人に特に世話になり、学問上も人間的にも大きな影響を受けた。

小牧は、母親が一郎と同じ会津藩士の娘だったこともあって、一郎を目にかけてくれていた。短大のスタート時には、一郎夫妻の理想を体現する「学園歌」を作詞する労をとっている。

一方、1969（昭和44）年から7年間、京都外大の教授をつとめた相良は、師に対する実にこまやかで手厚い礼をもって遇する一郎の姿勢に感服し、随想録『茫々わが歳月』のなかで「いくら総長が私の教え子であり、現在、その大学に勤めているとはいえ、いつもこれほど歓待されるのは……」と恐縮している。

第2代の短大学長となった松平康東、さらに3代目学長で、任期中に4年制の初代学長に就任した田口泖三郎《りゅうざぶろう》は、いずれも開成中学で一郎と机を並べた同い年の同級生だった。

松平は東京帝国大学から外務省に入り、パリに留学、戦後は日本の国際連合加盟に尽力して、第2代の国連大使までのぼり詰めている。

一郎との交友関係は絶えることなくつづき、東京の大学に請われて京都を去ることになった小牧の後任を探していた時、学長を引き受けてくれた。

田口は東京帝大工学部造兵学科を卒業し、兵器の構造・理論や製造技術などの研究者だったが、のちに音響学や色彩学の権威として知られる。

文部省に提出した大学設置認可申請書には、「著書数13、論文20」と田口の業績が記されており、申請書類に重みを加えていた。

開成中学の同窓には京都帝大を出た哲学者、田中美知太郎もいて、田中も京都外大で教鞭をとるが、一郎が大学を創立する際には、こうした親友たちが集まって激励会を開いてくれたという。

ちなみに田中は、一郎の死去に際して葬儀委員長をつとめている。

妻、倭文子の人脈も一郎に劣らず多彩だった。

倭文子は会津若松に生まれ、地元の旧制会津高等女学校（現・福島県立葵高等学校）から福島女子師範学校（現・福島大学教育学部）を卒業した。

その後、声楽の道を志して、東京ヘンデル音楽研究所で学び、さらに東京アテネ・フランセでフランス語と英語を修得した。

声楽と外国語を生かし、東京の小学校や高等女学校などで教え、やがて同郷の一郎と結ばれる。息子の森田によると、見合い結婚だったらしい。

倭文子も母校への思いは強く、後年、大学の最高顧問という忙しい立場にある時も、旧制会津高女からの同窓会である「松操会」の京都支部長として物心両面で母校発展のために尽くしていた。

秩父宮妃殿下との縁、皇室とのつながりはすでに述べた通りで、とくに妃殿下からは学校の発展のために大きな力添えを賜った。

１９７０（昭和45）年から教授や法人顧問になった元初代国連大使、加瀬俊一を招聘する際にも、その力に助けられた。

加瀬は京都外大の『学園五十年史』のインタビュー「思い出すままに」のなかで、95歳の高齢となっていたにもかかわらず、笑顔で次のように語っている。

「１９６９年、秩父宮妃殿下より電話で、お茶の誘いがありました。その席で妃殿下は『京都外大の創立者は会津藩士の家柄で、高い志を持っている。立派な大学にするためには、立派な学者が必要だと文部省はいっている。ついては、そのひとりとして、あなたに是非とも外大の教授になってほしい』と懇請されました」

「後日、森田夫妻がわざわざ自宅までおみえになって、私を教授に迎えたいと鄭重《ていちょう》な申し出があり、その奥ゆかしい態度に感じ入り、お受けすることにしました」

一郎、倭文子はともに慧眼《けいがん》の人であり、人を得るためには千里の道も遠しともしない行動力を持ち合わせていた。三顧の礼を尽くし、奥ゆかしく鄭重に迎え入れ、その家族や客人までも手厚くもてなす。人はそのような誠意に対し、信頼を厚くする。

それが２人の「人脈」をつくりあげた人間的魅力だった。

③「不撓不屈」の会津魂が前進への原動力

▼一人息子に短刀を突きつけた母、倭文子

戦後間もなく、人々が求めたのは世界の平和であり、その基盤としての国際的な相互理解であった。外国語をマスターし、それぞれの国の政治や経済、文化に通じた人材を少しでも多く育成することが急務だった。

一郎と倭文子はこのテーマに、ずばり「言語を通して世界の平和を」の建学の精神を掲げて挑んだ。

日本人が外国語を身につけることは至難の技である。まず、島国であることから、国境を接する国と国との間における外国語の習得とは比較にならない難しさを伴う。

さらに､日本語の独特な構造が、一種のさまたげになっていると指摘する専門家もいる。わが国固有の伝統と習慣とが、言語にも独自のかたちを与えている。

だが人は、ことばを通して互いを知ることでしか、秩序を維持することはできない。世界に飛躍する若者には、どうあっても外国語を修得するのだという気概と努力が必要になる。

一郎と倭文子はそこに会津の精神である「不撓不屈」の気持ちを込めて、学生たちを鼓舞しつづけた。

実は、2人の意識のなかでの「敗戦」は、太平洋戦争だけではなかった。江戸幕府を守ることを諦めずに、最後まで正しいと信じた道を生き抜いた会津武士たちの幕末の敗北が、そこに重なっていた。

建学の理念に「平和」の文字を書き込むという、他の大学に例のない高い理想を掲げさせた背景として、そのことを見逃すことはできない。

大正期の関東大震災や、戦争中の東京大空襲で自宅を焼失する経験をした2人は、同時に幕末の戊辰戦争の際の鶴ヶ城（会津若松城）の落城の悲劇や、白虎隊の壮絶な最期について聞かされてもいた。

一郎は、京都での学校創設の経緯を説明するなかで「遡れば、現在の京都府庁のところが、会津藩主・松平容保公がつとめた京都守護職邸の跡であり、私たち夫婦の曾祖父もその家臣として、つき従っていたことを思う時、まことに父祖の業の世襲ともいうべき奇しき因縁である」と述べている。

つまり、会津人が京都に出てくることに、少なくとも当時は特別の意味を感じていたのであり、一郎夫妻の息子である森田は、そのことを十分にわきまえていた。

森田には、子供のころ、会津人の子孫であることを思い知らされたエピソードがある。

東京の富久町で生まれた森田は一人っ子で、その子に団体生活を経験させたいと考えたらしい両親は息子をボーイスカウトに入れていた。

小学3年生のころと記憶している。自宅から歩いていけた九段の靖国神社の例大祭に出かけた。夜店が明かりをともし、大勢の人たちでにぎわう祭りに、心奪われた森田は、帰宅が夜遅くになった。

9時ごろだったろうか、家に入ると、母の倭文子がいきなり短刀を持ち出して、森田に突きつけて叱った。

「こんなに遅くまで遊んで、親に心配をかけたお前はサムライの風上にも置けない不肖の子である。この短刀で切腹しなさい」。大変な権幕だった。

戦争が深刻の度を加え、社会の緊張感が高まっていた。すでに「欲しがりません、勝つまでは……」といった合言葉を、国民が口にするようになっていた。

その時、父は黙っていたが、会津武家に生まれ、会津魂のシンボル・鶴ヶ城の近くで青春を過ごした倭文子には「息子の躾《しつけ》」がことのほか気がかりだったのだ。

森田には、耳にタコができるほど聞かされたことばがある。

上見ればあれ星（欲し）これ星　星だらけ
下を見たなら星（欲し）は無きもの

子供なら、いろいろ欲しいものがある。しかし、それを我慢しなければならない時もある。まして戦争中である。「ならぬことはならぬもの」。倭文子は、そのことを一人息子の森田に教えようとしていた。

▼「ならぬことはならぬ……」、厳しさと愛情と

会津若松の鶴ヶ城の三の丸には作家、司馬遼太郎の文学碑がある。そこには、次の２つの文が刻まれている。

「会津藩というのは、封建時代の日本人がつくりあげた藩というもののなかでの最高の傑作のように思える」（「歴史を紀行する」より）

「容保が京（京都）を戦場に死のう、といった時、慟哭《どうこく》の声がまず廊下からあがった。この声はまたたくまに満堂に伝播し、みな面を蔽って泣いた。

『君臣、相擁し、声を放って哭けり』

と、この情景を、劇的な表現で会津の古記録は語っている」（「王城の護衛者」より）

鶴ヶ城は、戊辰戦争で１カ月にもおよぶ激しい攻防戦に耐えた名城として、その名を天下に知らしめた。

司馬が「傑作」という藩の精神は、藩校・日新館の「什《じゅう》の掟」（子弟の教育７カ条）によってまず子供たちに伝授される。「ならぬことはならぬもの」という理屈ではない強い教えも、そのひとつだった。

倭文子は根っからの会津の女であり、「不撓不屈」を掲げ、どんな難問が立ちはだかっても決して退くまいとする気概を終生、持ちつづけた。

2013（平成25）年、NHKで「八重の桜」という大河ドラマが放映された。のちに同志社大学の創始者、新島襄の妻となる会津武家の娘、「山本（旧姓）八重」を主人公とする物語で、女優の綾瀬はるかが好演した。

八重は戊辰戦争で、髪を切って男装し、鶴ヶ城の籠城戦で最新銃のスペンサー銃を手に奮戦したことから、のちに「幕末のジャンヌ・ダルク」と呼ばれた。

兄の山本覚馬は戦後、京都顧問として活躍しており、八重はそのつてで京都を訪れ、新島襄と運命的な出会いを果たし、結婚する。

女は男に従うことが当然とされた時代、豪放で周囲からは勝手気ままに見える八重の生き方は世間から〝天下の悪妻〟といわれたが、日清、日露の戦争では看護婦として傷病兵の救護に奔走し、その功績が認められた。

「八重の桜」の放映にあわせて、京都市と会津若松市は改めて相互交流を宣言、それぞれに自治体や商工会議所が主体の「応援協議会」を設立した。

ドラマの放映を地域の活性化につなげようという取り組みで、京都市長、門川大作は「八重をはじめ、京都外大を創設された森田一郎、倭文子夫妻など、会津若松には多くのご縁がある」と、応援団長ともいうべきこの協議会の会長に、当時「京都會津会」の会長をつとめていた森田を指名した。

京都會津会は、幕末の会津藩が本陣を置き、亡くなった藩士たちが眠る金戒光明寺で毎年6月に、殉難者の御霊をなぐさめる法要を営んできた。

森田はその会長を22年間にわたってつとめ、２０１５（平成27）年、節目の１１０回法要を済ませて退いた。

明治維新から１５０年となった２０１８年1月の京都新聞の企画記事で、森田は「誰もが避ける役目を引き受けたのは会津の気質。京都守護職は宿命だった」と語った。

容保のことをいったのだが、森田自身のことのようにも聞こえる。京都會津会の会長も、大河ドラマの応援団長も、頼まれれば、いやとはいわない、それが森田なのである。

「私は人が好きで、だから、教育の世界に長くいられた」。それが口癖だが、教育界に限らず、どんな世界の人たちとも分け隔てなくつき合う人柄の温かさである。

「近代京都の基盤を作ったのは（山本）覚馬だ。私も京都府教育委員長をつとめたことから縁を感じる」。そう語って、府議や議長を務めた覚馬が、維新で荒廃した京都の街の再興に尽くしたことを強調する。

母の倭文子についても、「新島襄の八重夫人ほどではないけれども、母が京都外大という学校を支える一方の柱だった」と語る。

「学校を始めたころ、教員が足りない時に京都にいたＧＨＱの駐留軍に講師を出してくれるよう談判して、将校がジープでやってきた」。そんな逸話があるほど、倭文子のバイタリティは会津の女ならではのすごみがあった。

▼ノーベル賞の湯川秀樹が結婚式の仲人

慶応大学の大学院で法学修士を取得した森田は、１９５６（昭和31）年、京都外国語短期大学の講師となる。そして、いちどは外国を、それも米国を見なければならないと考えた。敗戦によって、それまで日本人には当たり前だった考え方が、「民主主義」という絶対的な価値観によって蹂躙されるように抑え込まれた。

しかし、そのことに矛盾を感じていた森田は民主主義のパイオニアとされる米国への留学を決意し、１９５８年、27歳でニューヨークのコロンビア大学大学院に向かった。

「しかし行ってみると、輝ける民主主義の星のように見えたアメリカが、実は、その裏庭と呼ばれた中南米のラテンアメリカ諸国に強圧的な態度で迫っていた。アメリカ政治史を勉強するうちに、そのことが私の心に引っかかり、ラテンアメリカ政治史を専門とするようになったのです」

このことが森田にとって、大学の教育者としての将来を決める決定的な意味を持つようになる。

あれほど自由で公正な社会といわれた米国ですら、醜い抑圧の恥部を抱えている。米国を民主主義のチャンピオンと捉えるだけではいけない。身をもっての体験だった。

国際問題は、それぞれ関係国の置かれた立場や事情を多角的に分析しなければ、有効な解決策は出てこない。

外国語の大学の学生たちにも、まず知ってもらわなければならない。それは、のちに大学の指針、「全方位教育」の構想を打ち出すきっかけとなった。

帰国して間もなく１９５９（昭和34）年４月、４年制の京都外国語大学が誕生するのと同時に、その講師となる。

助教授を経て１９６８（昭和43）年2月に教授に昇進するが、その指導法は、ラテンアメリカ史から獲得した広い視野で世界を俯瞰する理念によった。

この考え方を徹底させるうえでも両親の影響は見逃せない。

森田が京都外国語大学に戻った2年後の１９６１（昭和36）年、ウイーンで開かれた第10回世界連邦主義者世界大会（ＷＡＷＦ）に、一郎と倭文子が、日本初のノーベル賞受賞者、湯川秀樹の代理の日本代表として出席した。

第2次世界大戦が終結した1945年、日本の広島と長崎に原子爆弾が投下され、その悲惨さを目の当たりにした世界の科学者や文化人が「核兵器を使用するような戦争を2度と繰り返してはならない」と立ちあがった。

世界連邦運動であり、その中心にいたのは一般相対性理論でノーベル物理学賞を受けたアインシュタインや湯川秀樹だった。

アインシュタインは1933（昭和8）年、ヒトラー政権によって母国ドイツを追われて米国に渡り、市民権を得て、東部の名門プリンストン大学で教鞭をとっていた。

終戦から3年後の1948年、湯川がプリンストンで研究生活を始めて間もなく、アインシュタインから「君の研究室を訪ねたい」と連絡があった。

アインシュタインは部屋に入るや否や、左右の手を伸ばし、湯川の手を握りしめた。しわに囲まれた老人の大きな目から、大粒の涙がポロポロとこぼれ落ちた。

「何も罪のない日本人を、原爆で傷つけてしまった。許してほしい」。肩を震わせながら、何度もこのことばを繰り返したという。

アインシュタインは原子力の国際管理を主張し、1945年、ルクセンブルグで「世界連邦政府のための世界運動」をシュバイツァーやバートランド・ラッセルら著名な科学者、哲学者とともに結成し、本部をスイスに置いていた。

仲人の湯川秀樹博士と（1963年）

日本では、憲政の父と呼ばれた尾崎行雄や社会事業家の賀川豊彦らが参画し、湯川がアインシュタインに会った１９４８年、運動がスタートした。

倭文子は湯川秀樹の夫人、スミらと世界連邦全国婦人協議会を結成し、のちにはその理事長をつとめるなど、婦人の立場から世界平和を訴えた。

湯川夫妻は、運動を通して森田の両親との絆を強めた。

１９６３（昭和38）年、息子の森田が大手鉄鋼会社役員の令嬢、園田豊子と結婚する際には、仲人となることを快く引き受けていた。

戦後の国際情勢は、米国を中心とする自

由主義陣営と旧ソビエト連邦（ソ連）が主導する社会主義陣営の対立という冷戦時代に突入し、世界連邦運動は厳しい状況に追い込まれた。

しかし一郎、とくに倭文子は、一郎や湯川が亡くなったあとも、ひたむきに、まるで「自分に課した使命」ででもあるかのように、核のない世界平和の実現を掲げて運動をつづけ、大学の創立50周年を3年後に控えた１９９４（平成６）年、86歳で亡くなった。

森田はこうした環境のなかで、「言語を通して世界の平和を」の建学の精神を貫くことの重要性と、自らの「全方位教育」を進めることに確信を深めていた。

国際情勢の厳しさは変わらないどころか、冷戦の終結後はさらに地域間、宗教間の対立が深まり、混迷の度を強めてもいる。

しかし、兵器によって平和をもたらすことは不可能である。国と国、宗教と宗教、地域と地域の相互理解を進めることの大切さが増している。それには「言語」によって粘り強く解決の糸口を探るしかない。

「言語」による国際理解こそが日本のような国にとって、安全保障の柱になる。森田はそう考える。日米同盟を主軸にするにしても、それ以外の国々ともできるだけ良好な関係を築くことが国の安全につながる。

そのような認識から、国際連合の公用語でもあるロシア語を外国語学部の学科のひとつに加えることを構想するようになっていた。

いまや、仲間には〝ラテンアメリカ野郎〟と呼ばれ、自らもそう自認する森田の京都外大には、メキシコ、ニカラグア、グアテマラの3つの在京都・名誉領事館があり、「中南米の京都事務所」などという知人もいる。

森田独特の多角的な視線は、アジアからヨーロッパ、ロシアへと領域を広げ、「平和」を追求する大学のユニークさをいっそう輝かせる。

▼図書館の充実、〝大学の心臓〟を鍛える

京都外国語大学は、その図書館の充実ぶりでも全国的に知られるが、その礎を築いたのは森田自身だった。

1968（昭和43）年から1980（昭和55）年まで12年間にわたって館長をつとめ、在任中に、7万冊だった蔵書を4倍超にまで増やした。

父、一郎の死によって理事長・総長の職につき、館長を退いたあとも、図書館のあり方に並々ならない努力を傾けてきた。

その結果、現在の蔵書数は図書が60万冊を超え、学術雑誌は約4000種に及ぶ。文部

科学省の調査によると、全国の同規模の大学との比較で、蔵書は平均値の約4・9倍、雑誌は約3・8倍にのぼるという。

「図書館は大学の心臓」が森田の考えである。京都外大の教育研究の柱である「語学を通じた国際地域研究」の支援に主眼を置き、そのための適正な蔵書構成に絶えず配慮してきた。多くの言語圏の文学、歴史、芸術、社会科学など各分野にわたる資料をそろえ、学内の研究者や学生たちが自由に利用できる。

そのことを徹底することが「言語を通して世界の平和を」の建学の精神をさらに確かなものにする。図書館に託された使命だ。

この図書館を有名にしたもうひとつの特徴は、世界的にも珍しい、各地域の文化遺産ともいえる稀覯《きこう》書を多数所蔵していることである。

２０１７（平成29）年、創立70周年の節目を迎えたことを記念して、「世界の軌跡を未来の英知に」と題する稀覯資料展を、東京の丸善日本橋店で開催した。約60点の貴重書と著名人の自筆の書簡約30点などを展示し、専門家から一般の読書家まで多くの反響があった。

国立国会図書館（東京）の２０１９年５月の「月報」が、この展示会で作成した図録について「本屋にない本」というコラムで取りあげ、「書物が生まれ、通過してきた時代の臨場感という、電子媒体では得られない紙媒体特有の魅力もより感じられる」と評した。展示会では、ジョージ・ワシントンやウィンストン・チャーチルから、アダム・スミスやチャールズ・ディケンズなどまで多彩な著名人の自筆書簡が初めて一般公開された。それぞれの人物の著作など関連文献もともに展示することで、その人物像や社会背景のイメージが一層喚起される工夫を施した。

稀覯書では、シェイクスピアが没した7年後の１６２３年に刊行され、「ファースト・フォリオ」と名づけられた『戯曲全集』、さらには、ダンテの『神曲』（１４９７年）、モンテスキューの『法の精神』（１７４９年）など、世界各国の歴史的な書物が並べられた。

いずれも、森田の肝いりで収集されており、洋書では、言語研究のための世界の古辞書や古辞典に始まり、キリスト教文化圏の研究に必要な時代ごとの聖書や宗教関係の書、さらに、海外の人々による東洋研究の成果としての「西洋言語で記された日本研究書」がある。

これには、マルコ・ポーロの『東方見聞録』やルイス・フロイスの『日本史』といった貴重な書物も含まれ、内外の多くの研究者が訪れている。

森田が館長当時の１９７７（昭和52）年、『対外交渉史文献目録　近世編』を出版、「出版界に貢献するところ極めて大なるもの」として私立大学図書館協会の協会賞を受賞した。これにより出版物でも知られる図書館となり、現在の図書館活動の基盤ができあがった。

現在も年４回発行される館報『GAIDAI BIBLIOTHECA（ガイダイ　ビブリオテカ）』は森田が館長時代の１９７０年に創刊された。

森田は発刊のことばで、「およそ図書館に関することは、何によらずこれをとりあげ、利用者の便に資することにした」と述べており、今でも、教員や学生をはじめ多くの人たちから幅広い分野についての原稿や支援が寄せられている。

１９７８年9月、皇太子妃美智子殿下が大学を訪問した際には、図書館の稀覯書展示会を見学されてもいる。

「カリキュラムと蔵書構成の一致」も図書館の大切な任務となっている。

毎年度の初めに、教務部が発行している大学、短大、専攻科、大学院の講義概要のなかから、教員が示す授業内容の参考文献をいち早く購入してカリキュラムの内容に沿うようにするとともに、教員と図書館員の協力で「収書機構」をつくり、授業に関連する資料の収集につとめている。

図書館では、一般への開放にも積極的だ。一般市民も、登録カードを作ることで学生と同じように利用できる。また学校単位の「職場見学」で小中学生が訪れることも増えているという。

２０１９年、この図書館は国際連合がその精神や活動を知ってもらうため世界的に設置している「京都国連寄託図書館」に指定され、キャンパスには国連の旗がはためいている。

国内では、14カ所で国連やその専門機関の資料を公開するが、「言語を通して」世界の平和を希求する京都外大の〝心臓〟にふさわしい役割といえる。

④文化の中心・京都で学び、全国に生かす

▼評価高める「グローバル教育」が注目

２０１７（平成29）年、京都外国語大学は創立70周年を祝った。

創立50周年の時、「ホップ・ステップの段階は終わり、いよいよジャンプの時代」と周辺を鼓舞していた森田の学園構想はその後、大きく発展した。

現在、在校生は短大を含めた大学生が約５０００人、これに付属の外大西高や外国語専門学校を含めると、総計約６４００人が在学する学園となった。一郎・倭文子夫妻が創立した京都外国語学校の最初の入学者が84人だったことを考えると、まさに隔世の感がある。

大学の教育そのものも、急速に評価を高めている。

「国際性で全国第４位」。これは日本の国内の社会人を対象にした「リクルートマーケティングパートナーズ」の２０１８年度調査でのランキングである。

同じ年のリクルート進学総研の「進学ブランド力調査」では、高校生が「国際的なセンスが身につく」と考える関西の大学のなかで第2位にランクされた。

さらに、フロムページの全国の大学の新入生を対象にした調査では、「教育内容が良い大学」で全国第10位、関西の私立大学では第1位となっている。

「グローバル人材が育つ」、まさに創設時から掲げてきた理想が実現しつつあることを示すものである。

森田は、こうした高評価を得ている要因として7つの理由をあげているので、ここで、それらを列挙してみよう。

まずは、これらの調査で上位にランクされた「国際性、教育内容」であり、２つ目は、35カ国１６２大学に広がる交流のネットワークである。ヨーロッパ、南米、オセアニアなど世界中の大学と協定を結んでいる。

３つ目の要因は、19の言語から学びたい言語を選択できる「マルチリンガル教育」で、外国語学部では自分の専攻語のほかにもうひとつを選んで、「２言語同時学習」などの授業で、それらを比較しながらそれぞれ言語理解を深めることができる。

４つ目は、世界を魅了する「京都」という立地だ。日本の歴史・文化の中心地であり、街を歩けば必ず、外国人とすれ違う。伝統と国際性が結びついた優位性といえる。

５つ目は、世界中から学生が集まる「ダイバーシティ（多様性）」の豊かなキャンパスだ。毎年、約30カ国から学生たちが集まり、自然と国際交流が生まれている。

森田は６つ目の要因として、大学が「発信型」と呼ぶ授業スタイルをあげる。

基本的に少人数で、ほとんどがプレゼンテーションやディスカッション形式をとり、教員の話を聞いて書きとる「受信型」の授業は少ない。自ら情報を収集し、伝える力を養うことで、国際舞台で活躍できる実践的なコミュニケーション能力が身につく、と強調する。

7つ目は、東京オリンピック・パラリンピックに向けて急いでいる通訳ボランティアの育成活動である。

京都外大が加盟する全国外大連合（7大学）は、オリンピックや各種の国際スポーツ大会で活躍できる人材を養成するプロジェクトをつづけており、2018年の韓国の平昌冬季オリンピックでは、12人の京都外大生が活躍した。

「こうした特徴がさらに、相乗効果をもたらして、大学のブランド力を高めている、と思います」と自信をのぞかせた。

▼国際貢献学部、さらにロシア語学科を新設

京都外大への高い評価、その要因をみてきたが、森田は70周年を期して、さらに2つの魅力を大学に加えようとしている。

ひとつは2018年度にスタートした国際貢献学部であり、もうひとつは2020年度からのロシア語学科の新設である。

「アクション（行動）のないところには、リアクションもない、それが私の信条です。学生たちにもいうのですが、大学改革も同じことで、何もしないことが一番良くないと思っているのです」

米寿（88歳）を過ぎて、なお、このバイタリティ、会津生まれの母、倭文子を思わせるのだが、行動の人といわれる森田の面目躍如である。

これにより京都外国語大学は、外国語学部と国際貢献学部の2学部となり、外国語学部の言語学科は9つに増えた。

国内の私立外大として最多の学科数を誇ってきたが、その構成がさらに充実した。

その新しい国際貢献学部の真骨頂は「コミュニティエンゲージメント（Community Engagement）」にある。

「世界中のコミュニティ（地域社会）を活動の場に、それぞれの地域の人たちと協力して活動することを通じて、共通する課題解決に取り組む」との理念を掲げて、経験を通して成長し、挑戦によって飛躍を目指すプロジェクトだ。

〝Be a Changemaker!〟をキャッチフレーズとし、「自らが成長して変わることで、周りにも影響を与え、変化をもたらす。そんな人間であれ」と学生たちに呼びかける。

ここにも、行動することで積極的なリアクションを起こすことを期待する森田精神が感じられる。

国際貢献学部は、グローバルスタディーズ学科とグローバル観光学科の2つから構成されている。

グローバルスタディーズ学科では、「グローバル化が日常生活にまで影響を及ぼすようになり、さまざまな領域で新しい課題が生まれている」とし、「そうした問題に対処できるグローバルな視点と高度な語学力、幅広い教養を備えた人材」を養成する。

そのため2年次からは、世界の平和に関する知識と地球規模の課題の解決に必要な力を身につける「国際協力コース」、ビジネスを通して社会に貢献するための知識を学ぶ「グローバルビジネスコース」のいずれかを選択できる。

一方、グローバル観光学科は、旅行、ホテル、航空産業といった既存の観光に加え、「多文化間交流」としての観光を政策やビジネスの面から学ぶ。

観光学、経営学、政策科学、京都学などの多彩な科目をそろえ、グローバルな視点から観光の今日的な課題を理解していく。

1年次の秋学期からは、文化政策としての観光を学ぶ「観光政策コース」、幅広い分野で観光ビジネスを仕かける「観光ビジネスコース」のいずれかの選択が可能だ。

京都外大の名物教授で、観光学科の学科長に就任したジェフ・バーグランドは「学生自身がプロジェクトを考え、計画し、社会のなかで実践する。そこで得る異文化体験を通してコミュニケーション能力を養い、人としての成長を目指す」と語る。

たとえば、教授が指導した「座禅体験」などでは、「英語でどのように、日本のこと、京都のこと、その背景にある歴史や文化のことを、海外の人たちに伝えていくか」を分かりやすく解き明かし、学生たちに好評だったという。

ロシア語学科の新設は、すでに述べたように森田が長く温めていた宿願だった。ロシアやその周辺地域の多様性を理解し、米国・ヨーロッパ中心の世界観ではなく、多角的な観点から世界の課題解決を図れるグローバル市民を育成することを考えてきた。入学定員は20人と少ない。そこに専任教員５人をそろえたのだから、「採算を度外視した挑戦」になるというが、森田は意気軒高だ。

「日本では、中国に比べてロシアへの関心は薄いけれど、ロシア語を母語とする人口は約１億８０００万人と世界でも８番目に多く、ヨーロッパ、さらに中央アジアを含めたロシア語圏は20カ国、第２言語の話者数を含めると３億人に達します」

「教育は、営利目的ではありません。私学の前提は建学の精神にあるのに、最近はそれが崩れ、マーケット（市場）主義がはびこるようになりました。本学の建学の精神をさらに進化させるには、あえて〝火中の栗〟を拾うことも、いといません」

それは大学の「格式」にかかわる問題なのだ、という。人間にも「格」があるように、大学の格式というものを大切にしなければならない。

「やせ我慢をしてでも通さなければならない信念というものがある」。森田は、そういい切った。

ソ連が解体して30年近く、当初は、自由主義に転換したロシアを含めて、日本海周辺の経済圏の交流が活発化すると期待されたが、いまだ大きな進展はない。

日ロ間には、未解決の北方領土問題というネックがあり、平和条約の締結も見通しが立たない。一般市民を含めた交流も、急速な拡大は見込めないだろう。

それでも、ロシア語学科を設けるのは、「言語を通して世界の平和を」という建学の精神をさらに高めるためだ。

その「アクション」は、マーケット主義に傾きつつある私学の現状に、なんらかのインパクトを与えるだろう。森田には、そんな予感がある。

▼教訓、アクションなければリアクションも……

早いもので21世紀も、すでに20年近くの時を刻んだ。かつて人生50年といわれていたのも夢のように、いま、「人生１００年」という時代が目前にある。

これからの若者たちに、どんな期待を抱いているのか。新時代のリーダーはどうあるべきなのか。森田の考えを聞いた。

「80歳や90歳になっても元気に暮らしていくためには、圧倒的な記憶の集積をアドバンテージに、大いなる志を持って、淡々とゆっくり、途中で燃え尽きたりせずに、穏やかな日々を過ごしていくことが大切だと思います」

これは森田自身の生活にも当てはまる。

好きなことばに「ローマは1日にしてならず」がある。教育も同じで、あせらずにじっくりと、大いなる「志」をもって進むことである。

そこには、90歳を目前にしてもなお矍鑠《かくしゃく》として、改革に挑む教育者としての哲学がある。

しかし、現実の世界はドッグイヤー（人間の数倍の速さで老いる犬の時間）のスピードで進んでいる。人工知能（ＡＩ）の進化とともに、人間の労働が必要とされる分野は急速にせばまり、職業の種類や内容も大きく変化するという。

「ですから、たとえば、10年働いてみたら、世の中ががらっと変わっている、そんなことも起こるでしょう。そんな時は、大学でもういちど、勉強し直すことです。そしてまた社会に戻って仕事をするのです」

「何回も何回も勉強して、互いを高め合っていかないと、ＡＩが普及するにつれ、人間の脳は退化してしまいます。世界をリードする企業で働く人は常に勉強し、専門領域だけでなく、哲学や美学といった分野にまで深い知識、教養を持っています。そういう世界を知って初めて、面白いアイデアも出てくるものです」

幅広い分野で自らの教養を深めていく。そうでなければ、これからの時代のリーダーにはなれない。外国語大学であっても、「全人教育」の理想を掲げる所以《ゆえん》である。

森田は常々、学生たちに呼びかけている。

「外国語が堪能で、広く世界を旅して知っているだけでは、十分ではありません。まず、何よりも『ナショナル・アイデンティティー（日本人としての自覚）』を持つこと、自国の伝統、文化をしっかりと理解し、そのうえで他国にも主張できるようであってほしい」

そこでは、「How to say（いかに話すか）」よりも「What to say（何を話すか）」が大事になる、とも。

国際的に通用する社会人とは、単なる商売の先兵や通訳に終わらず、その国の人々の間に溶け込んでいけるような人間でなければいけない。

たとえば、教育や農業、土木・建築などで国の発展に寄与する海外青年協力隊や国際ボランティアなど、そんな意欲のある若者に来てもらいたい、ともいう。

「かっこういいから、とフランス語やドイツ語を学ぶよりも、ことばは少々下手でも、現地で汗を流して井戸を掘っている人の方に、私は魅力を感じるのです。路上で人々と触れ合い、グローバルな視線をもって、チャレンジしてほしいのです」

「大学の理事長という立場はハードなものですが、大学のレベルアップはこれからの日本の先行指標です。だからこそ若い人を育てなければなりません。学生に元気がなかったら、10年後、20年後の日本が心配でなりません」

森田の視線は高く、「良い教育をするため、互いに切磋琢磨する教育環境をつくっていくこと」に向けられる。

▼高邁な理想を貫いた「自信」と「誇り」

父母の創立した学園が70周年を経て、森田の感慨には特別のものがある。

「１００年を超える歴史の大学に比べると決して長くはありませんが、戦後間もない時代の精神的な虚脱状況のなか、日本の再建は外国語教育をおいてない、との独自の発想と強い意志のもとに、単に語学だけではない、幅広い教養を求めて歩んできました。この70年は、その時間的な経過をはるかに超える内容を実現できたと思います」

このうちの43年を、自ら理事長・総長として努力してきた森田の自負でもある。

2つ目の学部である国際貢献学部は、外国語学部にあった国際教養学科を内包するかたちで構成されており、学部横断的な教養の科目がさらに充実した。

「イングリッシュオンリー（英語だけ）の授業」で卒業できるコースも増えている。一方のロシア語学科の創設は、森田が考えていた「全方位教育」の完成形を予感させるものでもある。

「創立100年につながる明日に向かって走り出す時、『世界の平和のためには、まず相互の意思を伝えあうコミュニケーション力から』と説いた創立者の原点に立ち戻る必要があります。本学の命である建学の精神にさらに磨きをかけていきたいと思います」。そう力説する。

ただ、最近の若者について気になる点もあるという。

絶え間なく変化しつづける時代にあって、「グローバル化の波に乗り遅れたら大変だ」と日々、あおり立てられ、自信を失っている若い人たちが見うけられる。

そんな若者には、日本には、長い歴史のなかで培われてきた知識と知恵があり、世界に伝えるべき価値も少なくないことを知ってほしい。

高度経済成長を支えてきた人たちにも、「国の経済発展のために身を粉にして働いてきたことは決して間違っていなかった」と改めて感じてほしい。

米国のある大学教授は、森田に、江戸時代からつづく日本企業の寿命の長さ、地域密着型の日本企業のあり方を評価し、「むやみにグローバル化しなくてもいいのでは……。日本には世界にないものがある。世界に日本という国が存在してくれてよかった」と語ったという。

「日本人としてこれほど誇らしいことはないと私は思いました。今こそ、『自信』と『誇り』を持つべきなのだと思います」

日本文化の中心、京都の外国語大学のトップを突き動かすのは、何よりも、その日本への熱い思いである。

第2章　教育一家の魂、京都で花開く

①祖父母から3代、DNAのルーツ

▼藩主・松平容保の「学問の師」の家柄から

森田嘉一の祖父は、吉澤嘉壽之丞《よしざわかずのじょう》といった。
父、一郎はその長男だったが、なぜ「森田」の姓を名のることになったか、そのことはおいおい説明していくことにして、まずは、この人の人生を追っていこう。

嘉壽之丞は1873（明治6）年、現在の富山市に生まれた。地元の中学を卒業し、「東京物理学校」に入学した。

日本海を望む豪雪地帯からはるか離れた東京の学校へ、そこには、日本の理数系教育のパイオニアとして脚光を浴びていた物理学校への憧れがあった。

この学校が日本初の私立の理学学校として産声をあげたのは、1881（明治14）年である。当時日本で唯一の大学だった東京帝国大学の理学部を卒業した21歳から26歳まで16人の青年たちが立ちあげた。

江戸時代、日本は鎖国政策をとっていたが、明治政府は外国との交流を禁じていたのをやめて、外国文化の移入をはじめ、欧米から多くの〝お雇い外国人〟を招いて、日本の若い青年たちに西欧の知識の普及を図ろうとしていた。

帝大で外国語によって理学を学んだ16人の卒業生たちは、欧米から大きく立ち遅れている日本の実情を知るにつれて、「理学の普及なくしては、日本は欧米に追いつくことはできない」と考えるようになった。

「外国語で学んだ理学の知識をこんどは自分たちが、日本語で日本の青年たちに教えてやろう」と決心する。

それが、現在の私立東京理科大学の前身である物理学校だった。

嘉壽之丞が「数学」を専攻することになる動機について、孫の森田嘉一は詳しくは知らないという。

ただ、のちに嘉壽之丞が中国人留学生のために、自らが会得した知識を伝えようとしたことを考えると、物理学校を創設した帝大卒業生のように、日本、ひいてはアジアの青年たちに理学の知識を広げたいとの理想に燃えていたことは間違いない。

この時期、理学や数学を教える教員はまことに貴重な存在であり、物理学校は「入るのはそれほどでもないが、出るのは難しい学校」との定評が広がっていた。

ところが、この物理学校の卒業生を主人公にした夏目漱石の『坊っちゃん』には、そのようには書かれていない。

坊っちゃんは、「物理学校の門の前を通りかかり、生徒募集の広告をみつけて、入学の手続きをした」とある。「入学は、誰でもできる」ととられかねない叙述に、嘉壽之丞は納得していなかった。

「3年間、まあ人並に勉強はしたが、別段たちのいい方でもないから、席順はいつでも下から勘定する方が便利であった。然《しか》し不思議なもので、3年立ったらとうとう卒業してしまった。自分でも可笑《おか》しいと思ったが苦情を云う訳もないから大人しく卒業しておいた」

物理学校の卒業生にははなはだ心外、当時の物理学校の実情とは正反対の描写であり、漱石のいたずら心、ユーモアのセンスが意図的に書かせたとしても、納得がいかなかった。

ともあれ、1906（明治39）年、嘉壽之丞が33歳になった年に発表された『坊っちゃん』は評判となり、物理学校の名を全国に知らしめた。

明治以降の時代を代表する文豪の作品に今なお生きつづける物理学校は、当時の卒業生たちにとっても誇り高い存在となっていた。

やや回り道になったが、嘉壽之丞は物理学校を優秀な成績で卒業する。

そして同校の推薦により、福島県の旧制県立会津中学校（現・県立会津高校）の数学担当の教員に赴任する。１９００（明治33）年、27歳の時である。

旧制会津中学は、10年前の１８９０年、かつての藩校・日新館の伝統を継承して東京高等師範学校の校長だった旧藩士、山川浩らによって創立されていた。

県内では、やがて第1中学から第4中学まで4つの中学校が設置されたのだが、関係者の間では、会津中学が「尋常《じんじょう》一様の学校と同一視せらるにいたるべきを遺憾《いかん》とす」として、「（中学の名前に）会津の2字は永久保存せらるべき旨」を決議したほどだった。

ちなみに山川浩は、日本初の理学博士で東京帝国大学総長をつとめた山川健次郎の兄である。ともに幼少期に日新館に学んでいる。

弟の健次郎は幼くしてフランス語を習い、のちに米国のエール大学で学んだ経験も生かして、誕生したばかりの物理学校では、外国語の物理学用語を日本語に翻訳して統一する会を組織する中心人物としても活躍する。

幕末の戊辰戦争では白虎隊に入ったが、幼少組だったために自宅待機となった。

しかし、城下町で戦闘が開始されて大混乱となると、母親や姉2人らといっしょに鶴ヶ城に逃げ込む。白虎隊の悲運を目撃した武士であり、最後は、朝廷に刃向かった賊軍《ぞくぐん》という汚名を着せられた無念さを心に深く刻んでいた。

生涯、「芸者のいるような宴席は敬遠した」といわれるような清廉潔白で高潔な人格は、周囲から一目も二目も置かれていた。

それは少年時代に目にした会津落城の悲劇を忘れまいとする自戒の念と、武士道の精神とを体現した生き方から来るものだった。

会津中学への赴任に、山川健次郎の意向があったかどうかはわからないが、嘉壽之丞の人格について、「会津中学」の教員にふさわしいとの了解が、物理学校の教授たちの間にあったことは確かだろう。

嘉壽之丞はここで、会津という土地柄を象徴するような女性、森田政子と出会い、まもなく結婚する。

そして1902（明治35）年、森田嘉一の父となる一郎が誕生する。

▼中国人留学生の教育に尽くす数学者の祖父

さて、森田の父、一郎が吉澤ではなく「森田」を名のるようになった経緯について語ろう。

それは、一郎の母である政子の実家が森田といい、その家の一人息子、つまり政子の弟の英次が亡くなったことによる。

英次は秀才の誉れが高く、亡くなった時は旧制第一高等学校（現・東京大学）に在学中だった。

一郎は、長男であるにもかかわらず森田家を相続し、吉澤家の家督は２つ年下の弟、次郎が継ぐことになった。

ただ、すでに記してきたように、一郎が森田の姓となったあとも、吉澤の家で暮らしたらしいことは、嘉壽之丞の学校に深くかかわっていたことでもわかる。

森田家は代々、会津藩に出仕し、祖先は藩の学問所の開設にかかわり、のちに京都守護職となる藩主、松平容保にも「学問の師」として仕えた家柄のひとつだった。

教育にことのほか熱心な由緒ある名門士族ということになる。

会津藩の体制は、徳川幕府の第２代将軍、徳川秀忠の第３子（嫡出子でない庶子）として生まれた保科正之によって確立された。

７歳の時、信濃国（現・長野県）の高遠《たかとう》城主、保科正光の養子となった正之は１６４３（寛永20）年、会津23万石の城主に転封された。

高い教養とすぐれた行政手腕が評価され、第３代将軍、家光の遺命により、20年近くにわたって幕府の運営にもかかわり、戦国の遺風がのこる武断政治から民生重視の文治政治へと転換を進めるなど、幕府と藩の双方ですぐれた行政改革を断行した。

会津藩の藩主は、第3代の正容から「松平」の姓となり、徳川御三家に次ぐ家門の筆頭として礼遇され、幕政のなかで重要な地位を占めた。

会津藩の武士たちの気風について、「秋霜烈日《しゅうそうれつじつ》」のことばで形容されることがある。この4文字は、現在では、日本の治安を守る総元締め、「検察庁」の検察官（検事）たちが胸につけるバッジが象徴するもの、としても知られる。

秋の厳しく冷たい「霜」と、激しく照りつける太陽のイメージから転じて、「権威や志操、刑罰などが極めて厳しく犯しがたいこと」をいいあらわす時に使われる。

そして会津の「秋霜烈日」の士風は、日新館への入学前の6歳から9歳の子供たちの守るべき規範「什の心得」（7カ条）に宿っていた。

「虚言《うそ》を言ふことはなりませぬ」「卑怯《ひきょう》な振舞《ふるまい》をしてはなりませぬ」「弱い者をいぢめてはなりませぬ」などの条文の最後を「ならぬことはならぬものです」と厳しく締めくくる。

入学前の藩士の子弟は「遊びの什」に、10歳から15～16歳までの在校生は「生徒の什」にそれぞれ組織され、年長者が什長となって仲間を指導する。

什の心得は、「遊びの什」の子供たちが武士の日常守るべき徳目として教えられ、「ならぬことはならぬ」は、会津の武士道の精神を最も端的に表明したことばとなった。

そして、この会津精神の淵源は、とくに「教育の力」に重きを置いていた保科正之に遡るのである。

明治期から昭和にかけて活躍した言論人、徳富蘇峰は会津の教育と会津魂についてその著『近世日本国民史』で次のように喝破している。

「予は少壮時代、私塾の主となり、教育の効果について酔うよう屡々《しばしば》自ら疑ふ所あった。然も戊辰の役に於ける会津に就いて観れば、教化の力は実に恐る可きものだ。……藩祖以来の教化の力が、所謂る会津気質なるものを錬成したるにあらざるよりは、到底彼が如き悲壮の活劇を観ることは出来なかったと思ふ」

つまり、藩祖（初代藩主）として正之が敷いた教育の方針が、会津人の精神的支柱となって、２００年後の戊辰戦争において、「幕政の責任ある地位（京都守護職）」の者として筋を通すことにつながったのだ。

蘇峰は、私塾の主宰者としての自らの経験から、会津の教育の力に畏怖の念すら覚えていたことを吐露した。

司馬遼太郎が「会津藩というのは、封建時代の日本人がつくりあげた藩というもののなかでの最高の傑作」と表現したような認識がそこにはある。

そして森田家の先祖は、保科正之が最初につくった学問所「稽古堂《けいこ》」の設立にかかわり、幕末期の最後の藩主、松平容保の「学問の師」でもあったというのだから、まさに会津精神を体現する筋金入りの家系といえる。


森田嘉一はいう。

「祖父は日新館の流れをくむ旧制会津中学の教師となったこと、さらに森田家の娘である政子をめとったことで、会津武士の精神を浴び、吸収していたのでしょう。ましてや私の父の一郎は、森田の家を相続したのですから、いやがうえにも会津人の魂というものにこだわらざるを得なかったと思うのです」

▼漱石と親交、「坊っちゃん」山嵐のモデル?
夏目漱石をめぐっては、祖父、嘉壽之丞がこの大文豪と一時期、同じ学校の同僚だったという事実もある。

しかも、小説『坊っちゃん』に登場する数学教師、山嵐のモデルだったのではと、うわさされたらしい。

孫である森田は、「確かに、短い期間ではありますが、漱石との交流がありました。２人ともそれぞれ個性が強く、嘉壽之丞の思い出のなかに鮮やかな印象を与えたもののようです。のちのちまで、漱石のことや『坊っちゃん』のことを懐かしそうに、私たち家族や周囲の人たちに語っていました」という。

この愉快なエピソードは、１９０３（明治36）年、嘉壽之丞が明治大学の高等予科に数学担当の教授として招かれ、会津から上京したことに始まる。

会津中学に赴任して、わずかに３年だった。

この間に森田政子と結婚し、長男の一郎が誕生し、上京するとすぐに次男の次郎が生まれるという、一家にとっては、まったくあわただしい時期であった。

明大高等予科への転身も、物理学校の16人の創立者のひとりであり、恩師でもあった三守守《みもりまもる》の推薦によっている。

１９０３年は「専門学校令」が制定された年であり、文部省の内規によって、学部の下に予科１年半を設置する専門学校は「大学」の名を冠することができるようになった。

明治大学はさっそく予科を設けて、この年の９月に始業式を行い、翌年４月に授業をスタートしている。

漱石は、熊本の旧制第五高等学校に教授として在任中に、２年間の英国（イギリス）留学を命ぜられ、１９０３年1月に帰国したばかりだった。

熊本には戻らず、４月から東京で、東京帝国大学文科大学の英文学講師と第一高等学校の講師をつとめ始めたが、これだけでは逼迫《ひっぱく》していた家計の不足は解消されず、明治大学にも講師として出講し、月給30円を給されるようになった。

『明治大学文学部五十年史』によると、１９０５年2月の記述に、「文学芸術ノ趣味ヲ増成セン為メ一定ノ課題ノ下ニ投稿ヲ募ッタ」とあり、これに応募してきた作品の選者として、夏目漱石や上田敏（当時の高名な詩人）らの「予科講師」たちが、その任に当たったと記録されている。

つまりこれは、嘉壽之丞と同じ時期に、漱石も明大予科で教鞭をとっていたことの確かな証明である。

漱石は当時37歳、嘉壽之丞は31歳だった。「豪放磊落《らいらく》、小事にこだわらず、直情径行、骨太の人」だったという嘉壽之丞、一方の漱石も子供のころから強情なところがあり、嘘をつくことや曲がったことが嫌いな人間であった。

森田は「2人は年齢的にも近く、当時の教員数もそれほど多くはない控室のなかで、たびたび言葉を交わしていたようです。しかも英語教師だった漱石は数学が苦手で、数学教師の祖父には一目置き、互いに影響しあう間柄だった、と聞いています」と語る。

『坊っちゃん』は、漱石が熊本の第五高等学校や、その前につとめた四国・愛媛県の尋常中学校（現・松山東高校）での経験を下敷きにして書かれた。

物理学校を３年で卒業し、松山の中学に数学教師として赴任した主人公が、山嵐、赤シャツ、うらなり、野だ（野だいこ）などとあだ名のついた教師たちと交わるなかで生まれた人間模様が活写された。

坊っちゃんと山嵐が「善玉」であり、赤シャツと野だを「悪玉」に見立てた痛快なユーモア小説として評判になったが、そのなかで数学の主任教師である山嵐に向かって、坊っちゃんが「会津っぽか、強情な訳だ……」と語りかけるシーンがある。

物理学校の卒業生には、当時から教員になる人たちが多く、地方でも引っ張りだこだったから、山嵐のモデルについても何人かの名前があがっている。

坊っちゃんや山嵐の人間性を分析すると、「正直なこと、正しいこと、男らしいことを、周囲を気にすることなく、直線的に行動に移すタイプの人間」といえる。

森田が知っている祖父は、この山嵐タイプの類型に入りそうな人間だった。

山嵐の唯一のモデルではなかったにしても、会津中学から明大予科に移ったばかりの嘉壽之丞との交流が、漱石の創造力に少なからぬ刺激を与えていたことは十分に考えられる。

▼異文化との交流、大正期から家族ぐるみで

嘉壽之丞が「信じたことを、周囲を気にすることなく、直線的に行動に移す」山嵐を彷彿とさせる性格だったことは、その後の彼の行動に端的に現れてくる。

そのひとつが、中国人留学生との交流である。

嘉壽之丞は、明治大学高等予科の数学教授として上京したが、この時、同時に明治大学に創設された「経緯学堂」でも教えることになった。当時急増していた中国や韓国からの留学生を対象とした学校である。

明治大学のホームページによると、経緯学堂は2年制の普通科と、1年制の高等科が設けられ、普通科の修了生が明大の専門部に、高等科の修了生は明大の本科にそれぞれ入学することができた。そのほかに師範、警務などの速成科もあった。

開設してそれほど年数を経ず、1910（明治43）年には閉校してしまうのだが、その間に2862人が学び、このうち1384人が修了したとある。

学生管理がゆるく、教育内容も不十分なところが見られるとあり、留学生の急増に追い

つかない面もあったらしい。

１８４２年に決着した英国とのアヘン戦争に敗北した中国（当時・清国）は、欧米による攻勢にさらされ、国内が混乱していた。

１８９５（明治28）年に日清戦争に負けてからは、日本と同じように、欧米の知識を取り入れて近代化を急ぐ必要性が叫ばれた。

経緯学堂の開設は、ことに中国側の強い要望に応えるもので、その主旨に「東亜先聖の教を以て『経』と為し、欧美（米国のこと）百科の学を以て『緯』と為す」とある。

つまり、明治後の欧化政策で近代化した日本の「和魂洋才」と同じように、民族の魂はそのまま変えずに「横の糸」とする一方、学（知識）の面では積極的に欧米に学び、それを「縦の糸」として国力を高めなければならない、という。

そして、「西洋の言語を直接翻訳するよりも、日本を範として、すでに日本語に翻訳されたものを中国語に移し替え（重訳）する方が時間の節約になる」との中国人たちの極めて実利的な意図も働いていた。

嘉壽之丞は、そうした東アジアの留学生の便宜を図ろうとする経緯学堂の主旨に沿うかたちで、留学生たちに数学や日本語を教え始めた。そして、こうした交流を通じて自ら中国語をマスターしていく。

経緯学堂が閉校となった後はどうしたか。決して中途でやめようとはしなかったところに、彼の本領があった。

経緯学堂と同じような狙いで、1896（明治29）年、東京高等師範学校長だった嘉納治五郎が新設した「宏文学院」という塾があった。ところがこの学校も経緯学堂の1年前の1909年に閉校していた。

嘉壽之丞は、宏文学院の教授をしていた松本亀次郎、杉栄三郎とともに新しい学校を作り、自分たちで留学生の面倒を見る事業にのりだす。

それが、当時の東京・神田中猿楽町に創設された「東亜高等予備学校」であり、1914（大正3）年3月、第1次世界大戦が勃発する直前に開校した。

中国では1911年10月10日の武昌蜂起をきっかけに各地の革命運動が活発化する。翌年1月、孫文を大総統とする臨時政府が南京に誕生する辛亥革命によって、清の皇帝が退位し、中国初の共和国である「中華民国」が成立していた。

この体制転換とともに、中国の新しい社会建設を目指す若い指導者たちが続々と登場する。

京都外国語大学で教えた近藤子洲によると、「当時、中国人学生で、わが国の大学に入学を希望する者は例外なくこの学校（東亜高等予備学校）に入って、日本語を主体に英語、数学、物理、化学などの基礎授業科目の教育を受けた」。

松本亀次郎は、留学生教育に熱心な反戦活動家でもあり、留学生の日本語教育を通して日中に友好関係を築こうという熱い思いを抱いていた。

森田はこのことに注目し、「祖父は松本先生の考え方に共感し、その思いに応えようとしたのでしょう。そのことが、彼自身、日本語や数学の指導を通じて留学生を援助することに向かわせ、日中友好の必要性を心から願うようになったのだと思います」と振り返る。

一家の中国滞在はこの間のことになるわけだが、近藤子洲は、嘉壽之丞が短期間で中国語を取得できた背景には、「もともとの語学的素養に加えて、幼少の頃きびしく指導された漢学の基礎があったからであろう」と書いている。

中国との関係は親密の度を深め、嘉壽之丞の東京の家には、日本に駐在する中国大使館員の子供たちも出入りするようになり、当時としては珍しいほど国際的な家庭が生まれていた。

「一郎はそのような開放的な日中友好の空気のなかで幼少年期を過ごした」（京都外大編「創立者小史」）

だが、そうした生活も1930年代半ばに日中戦争が始まるとともに途切れてしまうのである。

②父・一郎の挫折と復活への道のり

▼長男だったが、母方の実家「森田家」を継ぐ

戦後にスタートした京都外国語大学で、中国語学科が開設されたのは他の主言語よりも遅れて6番目、1974（昭和49）年のことである。

戦後、日本と中国（大陸の「中華人民共和国」）とは長い間、国交のない状態がつづき、ようやく1972年の日中共同声明によって正常化が成った。学科の開設はその後のことだった。

「中国語学科は、私の両親、一郎と倭文子にとって本当に待望久しいもので、うれしそうでした。日本と大陸との関係が正常化されるということは、彼らにとって本当に待ちに待ったものだったのです」

父が理事長となった京都外大の教授に就任していた森田は、その時の父母の様子を昨日

学園発祥の地　百万遍知恩寺境内の一隅

のことのように思いだす、という。

「父母が戦後に大学をつくる決意をし、建学の理念として、言語を通しての『世界の平和』を掲げます。そこには、戦前、彼らが過ごした生活の記憶が濃厚に反映されていました。国境をまたいで、文化の違う人たちが平和に暮らすには、やはり、ことばによって互いをわかり合うことが重要であり、異文化の人どうしのコミュニケーションがいかに難しく、大切かを身を持って感じていたのだと思います」

幼年期を中国で過ごした父が、小学校に入るため帰国する時、父の乗った船に「蔣介石」が乗り合わせていた、と森田は聞いている。

孫文から蔣介石に引き継がれていた中華

民国は、戦後の内戦のなかで共産党軍に敗れ、指導者たちは台湾に逃れてゆく。その後の大陸との力関係で、今、この中華民国という名称は公式には国際的に使えないことになっている。

そうした歴史を振り返るにつけ、国と国とが平和で友好的な関係を維持していくことの難しさを森田は、しみじみと感じるのだ。

父の一郎は森田の姓に変わってからも祖父、嘉壽之丞との極めて親密な関係を持続していた。「東亜高等予備学校」で教員として働きつづけ、実に多くのものを祖父から学んでいる。

留学生を支援する熱血ぶりが一郎の生活に大きなインパクトを与えたことは述べてきた通りだが、もうひとつは、嘉壽之丞が仕事に向き合う時の真摯な姿勢にも常に敬意をはらっていた。

その具体的な例をここで紹介しよう。

嘉壽之丞は、公私ともに多忙を極めた1909（明治42）年、36歳の時に『生命保険数理汎論』という著述に着手し、当時の先駆的な本を作っている。

日本は、明治政府の施策のもとで軍備拡張が進み、日清、日露の両戦争で勝利した。

その過程で、軍人やその家族たちを中心に、ケガや病気の際の経済的な保障が担保される生命保険への関心が高まった。

ところが保険制度がどのような仕組みで成り立つものか、一般の理解が進んでいなかった。

「我国で保険事業が起こってから既往二昔以上となった。……（しかし）兎角《とにかく》保険に関する数理を簡易に説明した書物が一向に発見されない」（同書の自序）という状態だった。関係者からしばしば、保険のメカニズムを聞かれるのだが、手ごろな参考書も見つからず、数学を専門とする人間として大きな責任を感じていた嘉壽之丞は、自ら保険の成り立ちを研究し、３年の歳月を費やして、一般の人たちが手にできる著作を完成した。

「父の一郎は、このような祖父の姿勢、何ごとも責任感を持ち、最後までやり遂げる態度に深い尊敬の念を抱いていたのです」と森田はいう。

嘉壽之丞は終戦直後の１９４６（昭和21）年２月１日に、妻、政子もその後を追うように４月８日に亡くなった。

２人を亡くしたあと、一郎はこの本を探したのだが、１冊も見つからなかった。

「大正時代の関東大震災で、家に大切に保管していたものをすべて失います。その後、郷里・会津の親戚に献本していた１冊を、事情を説明して返してもらったのですが、これも戦争中の空襲で東京・牛込の自宅とともに焼けてしまっていたのです」

結局、京都外大の元講師が東京の国会図書館で閲覧用に所蔵されていたものを見つけてくれた。一郎は、父母の23回忌に当たる1967（昭和42）年4月、この1冊をもとに本の再刊を実現する。

「まさに東奔西走し、それまでして故人の『遺作』を蘇らせたのです。私も大学でその様子を見ており、父が祖父に抱いた思いを再認識させられました。そういえば、一郎も祖父に似て『負けず嫌いで、剛直な人間』と評されることがあります。互いに通じるものがあったのでしょうね」

森田は2人の関係を、そのように見ている。


一郎が嘉壽之丞から学んだものには、「人と人との交わりの大切さ」がある。

嘉壽之丞は物理学校時代の恩師、三守守にたびたび世話になっていたが、生命保険の本をつくる際も、東京高等工業学校の教授になっていた三守に相談している。

「ご相談申し上げた所が、先生は殊の外賛同され、親しく精細に内容を御検閲の上……序文まで贈って下さった」と書かれている。

このことは、三守との師弟関係が終生つづいていて、その関係をいかに大切にしていたかを物語っている。

一郎は、「人の和」をしきりに口にしたが、それは嘉壽之丞の日常生活から自然と引き継がれたものであることを森田は感じている。

そして森田自身が今、「人が好き」ということばを率直に口にし、そうであればこそ、「教育界に長く身を置くことができた」と述懐する。

祖父から子、そして孫へと、この教育一家を貫いてきたものを、ここに見る。

▼慶応で医者を志すも、病気により進路変更

森田が、１９７６（昭和51）年の父、一郎の死を受けて、京都外国語大学の理事長・総長に就任して43年が過ぎた。

「私は人が好きなのです。そのことが……」と、ことあるごとに語る。その時の森田の笑顔に教育者としての自信があふれている。

創立者である父は、人と人との出会いを大切にし、生涯、変わることがなかった。その姿勢こそが、現在でも、森田の大学運営に欠かすことのできない大切な資産となっていることを知るのだ。

この教育者としての基本ともいえる資質、それは肉体を形成する遺伝子（ＤＮＡ）のよ

うに祖父の代から脈々と森田のなかに流れていた。

では、父の一郎は、どのような教育を受けて、成長していたのか。京都外大の教育の理念に注ぎ込まれたＤＮＡの姿をさぐることにしよう。

嘉壽之丞とともに一時、中国で生活し、小学校に入学する年齢に達したころ日本に帰ってきた一郎は、日本語が少し不自由になっており、小学校の先生に預けられ、日本語の勉強をしていた。森田はそう聞かされている。

実は、その小学校、東京・神田にあった錦華小学校は１８７３（明治６）年開校という東京でも屈指の伝統校で、開校から5年後の１８７８年には、あの夏目漱石も卒業していた。

一郎の父が明治大学の予科で、漱石と机を並べて交流していたことはすでに記した。嘉壽之丞は、漱石が錦華小学校の卒業生であることを知っていたのだろうか。知ったうえで、息子の一郎を入学させたのだろうか。はなはだ興味深いところだ。

残念というべきか、１９９３（平成５）年に錦華小学校は、近くの小川小学校、西神田小学校と併合され、東京都千代田区の「区立お茶の水小学校」となっている

一郎は錦華小から名門、開成中学校に進んだ。

ここで、のちに日本を代表する哲学者となる田中美知太郎を知る。ともに１９０２（明

治35）年生まれの同い年だった。

田中は自らの自伝的な著書『時代と私』（文藝春秋）で、開成中学への進学について「わたしはひとつの人生コースを歩むように定められたわけで、人々はそこに立身出世の可能性を見ていたはずである」と書いている。

つまり、この中学に入学した者にはエリートへの道が半分約束されたようなものだった。ただ、田中はその道を進まない。

「開成中学は一高（旧制第一高等学校）その他への入学率が比較的よくて、私立中学のうちの名門校のようなものであった。毎年2月だったかの一高記念祭に行くと、先輩と称する連中がわたしたちを歓迎してくれたようで、わたしも中学のはじめ頃には、一高に対して漠然とした憧憬のようなものを感じていたのではなかったかと思う」

しかし、田中には「ほかに自分の勉強したいことが沢山あるのに、なぜ受験勉強みたいなものに一所懸命にならなければならないのか」との思いがあった。

高校受験を拒否した田中は、高等学校には行かず、当時の「大学の選科へ入る道」を通って、紆余曲折を経て京都大学文学部の哲学科に入学する。

自分の信じる道を貫き、ついには独自の哲学を打ち立てた。

一郎は田中とは終生、強い友情によって結ばれた。一郎がハワイで亡くなると、田中が葬儀委員長をつとめたことからもわかる。

京都外大を立ちあげた時、率先して支援してくれたひとりが京都大学教授になっていた田中であり、当初から20年近くにわたり、教員として、さらには評議員として支えつづけていた。


田中美知太郎の人生が一本道ではなかったように、森田一郎の青春もとんとん拍子とはいかなかった。

会津藩の人たちは、新政府の樹立に逆らったという理由で、明治以降、久しく冷遇を受け、新政府からは疎外されていた。

たとえば、物理学校の発展に尽力した山川健次郎のように東京大学総長までつとめるような人物もいたが、政府周辺で権力を手にしたエリートは少ない。

一郎は、親のすすめもあって医学の道を目指して、開成中学から慶応大学医学部予科にいったんは入学した。

とくに母、政子には、旧制一高に入学し、将来を嘱望されたただひとりの弟、英次を病気で亡くしたことが悔やまれてならなかった。

「もし親しい医者がいたら、かけ替えのない弟の命はとりとめることができたかもしれない」。森田家の家督を継がせた一郎に、医者になってもらうことはできないだろうか。政子はそう考えた。

会津若松に近い猪苗代《いなわしろ》からは、のちに黄熱病の病原体を発見してノーベル賞候補にもなる野口英世が、めきめきと頭角をあらわし、世界的に注目されていた。

ところが、小学、中学と健康には不安もなく、寝込むような病気をしたこともない一郎が思いもかけず病魔に侵され、病床で苦吟する日々がつづいた。

「青春時代にはよくあることですが、自分の身体に対して自信を失った父の場合は、深い挫折感とともに、医師という職業に疑問すら持つようになるのです。徐々にではありますが、医学の分野にも光と影があることに気づき、やがて影の部分が日に日に重苦しさを増すようになっていたらしいのです」

森田によると、影の部分とは医師の誤診であり、誤った治療により患者に余計な苦しみを与え、時には損なわずにすんだ天命すら奪うことがあることだった。

それは患者の人格、存在を否定し、神をも怖れぬ行為ではないか。果てしない矛盾と撞着を伴う人生の岐路に立ち、自己の進むべき道を模索した。

そこでたどり着いたのが、数学者への道だった。

数学を通して人間を教育する、まさに父、嘉壽之丞と同じ道を歩むことであった。

母の政子も反対しなかった。それどころか、一郎と同じ苦痛を感じつつ、自分の深い懐のなかに受け入れ、一郎の決意を理解し、励ました。

▼水戸での再起、3年の寮生活で一生の財産

一郎は1921（大正10）年、慶応大学予科を退学して、旧制水戸高等学校の理科甲類（ドイツ語クラス）に移った。

なぜ、水戸（茨城県の県都）を選んだのか。

森田も聞かされていなかった、というが、『学園五十年史』には次のようにある。

「推測の域を出ないが、健康上の事由とはいえ、両親の期待を裏切り、ひとたび決意した医学の道を断念して数学の道へと進路を変えねばならなかった。このことについて心の激しい葛藤があり、深い挫折感も味わった。……しかし、新生への出発のためには東京を離れ、両親とも友とも離れて、ひとたびは自己のなかに沈潜、静かに思いを巡らすことが必要であるとも考えた」

「青春とはただひたすら未来をみつめ、前に進む季節である。水戸高等学校を受験する決意、それは人生のひとつの転機を意味する行動であり、いわば、いま一郎はルビコン川を渡ろうとしていた」

おそらく、その通りであろう。

しかし水戸は、福島県と東京のちょうど中間に位置しており、会津という土地も近い距離にある。

しかも、江戸幕府の最後の将軍、徳川慶喜は水戸藩主の息子であったことから、幕末から明治期にかけては、会津藩と同じように複雑な環境に置かれていた。

一郎は、そうした水戸の土地柄を考えてもいたのではないか。

実際、水戸藩の藩校・弘道館で鍛えられた武士たちの気風は、会津藩についていわれたのと同様に「秋霜烈日」の形容を受けることがあった。

生まれて翌年には会津を離れて東京に移っていた一郎ではあるが、会津藩で藩主の教育にかかわっていた母の家系の教育は一郎の骨格を成していた。

そのことが水戸への親近感となっていたことは考えられる。実際に、３年間の水戸での生活で、「会津と水戸は似ている」と実感するようになる。

当時の旧制高校のなかで、水戸高は創設されたばかりのフレッシュな存在だった。

明治の30年代から官立第一高校（東京）から第八高校（名古屋）まで、いわゆるナンバー校が設立されたが、社会の急速な発展にしたがって、大正期に入ると、官界、財界を問わず、高級幹部を養成する高等教育の場の拡大を求める声が高まった。

政府は1918(大正7)年、勅令で「高等学校ハ官立、公立又ハ私立トス」(第2条)とし、官立以外にも初めて、公立、私立の高等学校の設立を認めた。

この流れに沿って、大正期には18校の官立高等学校が設置され、水戸高校はそのひとつとして、1920(大正9)年に発足した。

『水戸高等学校史』によると、全国でこの年に受験した志願者数は総計で2万3580人だったが、合格したのはわずかに3439人、6・9倍という狭き門である。

こうしたなか水戸高校には、開校早々であるにもかかわらず、200人の募集定員に対して、2000人余の受験生が押しかけ、10倍を超える競争率となっていた。

1921年入学の一郎は水戸の2期生ということになるが、この年も相当な難関だったことは想像に難くない。


一郎に幸いしたのは、当時の高等学校は通例、1年生を全寮制としていたのに対して、水戸高は3年間の全寮制ということだった。

第1回卒業生で、のちに三井グループを率いて財界の実力者となる江戸英雄は、『水戸高等学校史』に寄せた文章で、次のように述懐している。

「水戸は東京に近く、……したがって関東中心に全国から多くの志願者が集まった。しかも全寮制であった。長い人生で僅《わず》か３年の生活ではあるが、最も感受性豊かな時期に日常起居を共にすることは、各々の人生に大きな意義を持つ。水高生活で大きな人生開眼の機を得た」

さらに、「大学（東京大学）入学早々病を得、大学時代をほとんど療養に過ごし、大学時代の友は絶無であり、中学、小学時代の友も稀になっている私にとり、学生時代の友といえば、ほとんど水高出身の人たちである」と。

江戸は、英国のジェントルマン（紳士）養成で名高いイートン校の例を引きながら、自治による全寮制を経験した水高時代が、生涯のなかで最も輝いていた、と記す。

これを執筆した「80歳になる今（１９８２年）」でも、終生の友となった当時の友人たちと毎日のように連絡しあっていた、という。

一郎も、全寮制の３年間を過ごした水戸高時代の生活について、江戸と同じような思いを持っていたに違いない。

病を得て、挫折感を味わったところまで似ている。

すでに紹介しているように、戦後、自らが外国語大学を立ちあげる際に手を貸してくれた人たちのなかの多くがこの時代の恩師や友人たちであった。

「教育は人であり、しかも短時日で成果をはかることの難しい事業でもあります。ブドウが長い年月をかけて芳醇なお酒、ワインになっていくように、教育も、さまざまな学問分野や考え方、人の体臭のようなものまで混ざり合って、時とともにいつしか独自の個性的な香り、雰囲気を醸し出す。それが伝統となって、大学の個性、風格、アイデンティティーを形成するのだと思います」

森田は、一郎の青春時代を振り返りながら、水戸高校での寮生活がその生涯にいかに大きな影響をもたらしたかを語る。

ちなみに、戦後、京都外国語学校の発足から10年後に、森田の父母は付属の男子高校を創立した。

実は、「男子校」というのは母、倭文子の発想で、英国のイートン校が頭にあった、と森田はいう。

それは、水戸高校がイートン校のようにジェントルマン精神を大切にしていたことを一郎から聞かされていたのにヒントを得たものだった。

京都では初めて、背広にネクタイを制服にしたこの高校は、２００１（平成13）年、校名を京都西高から「京都外大西高等学校」に変更した。

外大との一貫教育という理想に近づける狙いだったが、その後、生徒たちは高校野球の甲子園大会（２００５年夏）で準優勝するなど大活躍し、知名度も高まっている。

▼旧制高校で純化された一郎の美意識

水戸高校での3年間で一郎は、それまでに味わった深い挫折感を昇華させ、生涯の宝ともなった師や友との深い交わり、人間的な絆を作りあげる。

それは、いったん歩み出した「医者」への道から、父親と同じ「教師」への道へという大転換に伴うものだった。

戦後、一郎の京都外大の教員になることを選んだ森田が、その経緯を問われるたびに、困ったような顔をして「デスティニー」と繰り返すことは、すでに述べた通りである。

筆者は、一郎が医者になることを断念して、教師の道を選んだ時点で、この一家のDNAの姿が鮮やかにその姿を現していたと考える。

のちに会津藩出身の教育家である倭文子を妻としたことも含めて、教育という崇高な使命を帯びた社会的事業での「一家をあげての取り組み」が、この時から始まっていたのである。

水戸高校を再出発の場に選んだことは、一郎が人生を生きる哲学、思想の面でもプラスの効果をもたらした。

幕末から明治にかけての水戸藩が、明治政府に溶け込めない会津藩と同じような複雑な環境にあったことは、すでに指摘した。

実際に一郎が、水戸の地で生活してみると、真理を信じ、正しいと信ずるものに向かって、何ものをも恐れず、まっしぐらに邁進する「真則勇」の心意気が残り、息づいていることがわかった。

それは、「千万人と雖《いえど》も我往かん」という気概であり、会津の血をひく一郎にとって、「ならぬことはならぬ」「不撓不屈」の会津武士の魂に通じることを実感させるものだった。

一郎が水戸で築きあげた人と人とのつながりは、後年の学校経営において先に述べたような形で結実する。

おそらく、少年時代に育まれた矜持《きょうじ》と恥の精神、会津藩の日新館の精神は、旧制高校の生活によって、より純化されて一郎の美意識を形成し、生き方そのものになっていったと推測できる。

その美意識こそ、今、京都外国語大学の学校法人としての「ならぬことはならぬ」「不撓不屈」の教育理念として生きている。

水戸で培った人脈を、繰り返しになることをいとわず、ここで整理してみよう。

１９２０（大正９）年に発足した水戸高等学校の初代校長は、北海道帝国大学付属予科の教授、渡辺又次郎だった。渡辺は、部下の教員の選考にあたり、帝国大学の首席卒業生を中心に優秀な人材を集めようと努力した。

そのなかに、一郎に大きな影響を与えるドイツ語科の教授２人がいた。小牧健夫と相良守峯《もりお》である。

小牧は東京帝大文学部独文科を卒業し、水戸高に着任するまでに四高、三高、学習院などの高等学校で実績をつみ、１９３２（昭和７）年には九州帝国大学法文学部教授に就任している。

戦後は、一郎との縁で京都外国語学校の教授となり、１９５０（昭和25）年に誕生した京都外国語短期大学の初代学長を引き受けている。

父親は薩摩藩（鹿児島）の出身だが、母親は会津藩士の家に生まれていた。

学生時代から「暮潮」のペンネームで詩人としても名をなしていた小牧は、母の故郷、会津を終生愛しつづけ、随筆集のなかで「明治34年の夏であったと思ふ。当時一高生であった私は、休暇を利用して会津の片田舎に住む祖母を訪れる為に、初めて東京以北の旅に出た」と回想している。

朴訥で温かい人たち、厳しいけれども豊かで懐の深い自然に魅せられ、青春の想いを叙情豊かな詩に託している。

1951年に制定された京都外大の学園歌は、小牧が作詞している。

相良守峯は、会津若松の隣に位置する山形県・鶴岡の出身だった。江戸のころから好学の風の強い土地柄として知られるところだ。

木村謹治とともに編纂した独和辞典は「キムラ・サガラ」と呼ばれた。そのほかゲーテ研究、日本独文学会の創設に貢献するなどして文化勲章も受けている。

相良が水戸高校に着任したのは、小牧より2年あとになるが、弟の相良守次はこの時期、水戸高校の理科甲類の一郎と同じクラスで机を並べていた。

一郎と守次は、ここで肝胆相照らす、いわゆる刎頸《ふんけい》の友となっており、守次がのちに東京大学教授になったあとも、公私にわたって交流をつづけた。

守峯は1969（昭和44）年、京都外大の招聘に応じて、ドイツ語学科の教授として7年間、その教壇に立った。

彼は随想録『茫々わが歳月』のなかで、一郎の「師に対する実に濃《こま》やかで、手厚い礼をもって接する態度」をほめあげ、「……いくら総長（一郎）が私の教え子であり、現在その大学に勤めているとはいえ、いつもこれほど歓待されるのは……」と恐縮しながら、弟子の厚意を汲みとっている。

人と人との出会いは茶道の世界では一期一会といわれるが、一郎はこうした限りある出会いを大切にし、どの人たちとも変わらない姿勢を貫いた。

「見えざる神の手」という言葉がある。このころの一郎には、「教育」への道にかける志を温かく受け入れてくれる濃厚な「出会い」がいくつもあった。

それは、今から振り返ると、一郎の「デスティニー」がまさに「教育」にあることを啓示するかのような不思議なめぐり合わせである。

③「教え子を2度と戦争に行かせない」

▼豊かな感受性と抜群の記憶力の母

一郎が人の「和」を重んじ、周囲も「声を荒げるのを見たことがない」というほどの温厚な人柄だったのに対して、妻の倭文子は「ならぬことはならぬ」の日新館の教えを体現したような厳しさを備えた女性だった。

この一見対照的な夫婦が「困難な時代にあっても、ためらわずに道を切り開いていこうという意思と行動力」、つまり「不撓不屈」の会津魂を共有する同志として連携した。

2人の息のあった協働作業が、終戦直後の混乱のなか、未知の土地であった京都で創設した京都外大を大きな発展へと導いていた。

一郎にとって自らの教育理念を実践するうえでのかけ替えのないパートナーとなった倭文子、ここから、その人生を振り返る。


森田が小学校のころ、靖国神社（東京・九段坂上）の例大祭に出かけた時の話はすでに紹介した。

夜遅くまで、遊んで帰宅すると、すでに家の鍵がかけられていた。家に入れてはもらったものの、倭文子は短刀を持ち出して「これで死になさい」と一喝する。

森田は震えあがり、生きた心地がしなかったと述懐するが、このエピソードこそ、倭文子の気質を端的に示している。

一郎より6年あとの1908（明治41）年、会津若松で生まれた倭文子は地元の旧制会津高等女学校（現・福島県立葵高等学校）に通う。

当時、会津高女はこの地での女子教育の始まりとなった海老名リン創設の私立会津女学

一郎の「和」の書

倭文子の「不撓不屈」の書

校に端を発する名門校として君臨していた。

倭文子の母校への思いは限りなく、後年、京都外国語大学の最高顧問として多忙ななかにあっても、その同窓会組織である「松操会」の京都支部長として母校の発展のために尽くしている。

高女に入学したころの倭文子は、感受性が豊かで記憶力は群を抜き、女性には珍しいほどの実行力を備えていた。とりわけ、音楽と書道が得意で、11～12歳のころにはすでに大人顔負けの字を書いていた、という。

この才能を見抜いた教師や知人たちは、進学に反対していた両親を説得し、彼女の限りない将来の活躍を期待した。

その結果、倭文子は希望の福島女子師範学校（現・福島大学教育学部）に進学することができた。

会津高女に１９２０（大正９）年、12歳で入学し、１９２６年に18歳で女子師範学校を卒業するまで、この最も多感な時期を大正デモクラシーの高まりのなかで青春を謳歌し、その才能を磨いた。

そして心には常に、明治初期から中期にかけて啓蒙的な役割を果たした会津の女性たち、山川捨松、若松賤子《しずこ》、新島八重、そして会津出身ではないものの捨松らとともに米国に留学した津田梅子らの生き方があった。

いずれも、いまだ男中心の封建社会の遺風が支配するなかで、自ら女性として生きる道を開拓し、新しい女性像を作った人たちばかりである。

大正デモクラシーの潮流のなかで、社会の重苦しい抑圧的な雰囲気が徐々にひび割れし、新しい価値意識が芽生えていることに感謝しながらも、困難を乗り越えて女性の地位を確立しようとした先輩たちに負けてなるものか、との気概を持ちつづけた。

「生活のなかに多少のさざ波や屈託はあったものの、時に鶴ヶ城城址の石垣に腰をおろして、友人たちと自分の人生について、ぼんやりと思いをめぐらしたりした夢のような日々」

会津高女での生活をそう回顧した倭文子だったが、女子師範学校の卒業が近くなるころには、自らの進路をめぐって思案するようになる。

尊敬する先輩たち、若松賤子はフェリス女学院高等科を17歳で修了し、間もなく母校の教壇に立つ。

津田梅子が米国留学から帰国したのが18歳であり、いっしょに帰国した山川捨松は22歳であった。いずれもその後の活躍の基点となった年齢である。

「自分は大丈夫なのか、将来、人の師表（模範）となって、子弟を訓育しなければならない。女子師範に在籍して、その使命感を持ってはいたものの、いざ、教育の現場に出ることになると、身が引き締まる思いをしていたようです」

森田はそう聞いている。

18歳の倭文子にも決断の時がきていた。教員になることは規定の進路だったものの、しかし、何を専門にすべきなのか。

熟慮を重ねた結論は、声楽の道に進むことだった。そのためには、いくつかの外国語も修得しなければならない。

ひとたび決意したことは、あくまでもやり遂げる。その強靭な意志と実行力、会津女性としての倭文子の本領が開花していく。

倭文子は東京ヘンデル音楽研究所の声楽科に入り、３年間の厳しい訓練を受ける。その後、当時、東京・一橋にあった東京アテネ・フランセに入学した。

アテネ・フランセは１９１３（大正２）年、フランス人によって創設されたわが国で最も古い外国語専門の学校で、倭文子は１９３０（昭和５）年、この学校のフランス語科と英語科で学ぶことを許可された。

一郎と結婚したのはこの年であり、一郎が28歳、倭文子は22歳だった。そして１９３１年に長男、嘉一が誕生する。

つまり、倭文子は嘉一が生まれてからも、アテネ・フランセに在籍していたようだ。

▼対照的な性格、父母の連携プレーで難局突破

創設者のフランス人、ジョセフ・コットの自由な教育方針で運営されていたアテネ・フランセには、育児をしながらでも学ぶことのできる自由さがあったのだろう、と森田は考えている。

異色の社会学者で長年この学校で教鞭をとった「きだみのる」によれば、このころの女生徒のなかには、京都の菊花高女出身で、第２次世界大戦後は平和運動にも関係した詩人、深尾須磨子や、青森出身で東洋音楽学校声楽科を出た淡谷のり子もいた。

一郎は、嘉壽之丞とともに東亜高等予備学校教授として数学を担当しながら、いくつか

1933年　森田一郎、倭文子夫妻と（嘉一２歳）

の学校をかけ持ちし、倭文子が１９３２（昭和７）年に終えたのを引き継ぐかのように、太平洋戦争の始まるまでの９年間、アテネ・フランセでも教えた。

のちのち、京都外国語学校をつくり、また教員がそろわない時期に、校長になった一郎は自ら講義を受け持ち、しかも英語で教えていたという。そのような実践的な英語力、会話能力は９年間教授としてつとめたアテネ・フランセ時代に身につけたといわれる。

倭文子はアテネ・フランセを終えると、１９３３（昭和８）年から戦争中まで、東京の小学校や高等女学校で、音楽や英語を教えている。

嘉壽之丞はこのころ、中国人留学生のための東亜高等予備学校の教頭という立場にあった。中国大使館との関係も深く、その筋の強い要請により、倭文子は中華民国大使館の教育係を拝命し、大使館員の子弟に英語、フランス語、音楽の3教科を教えることになった。

ちなみに、東亜高等予備学校は、財団法人・日華学会に吸収合併され、1935（昭和10）年に「東亜学校」と改名した。終戦時まで存続したが、戦後、日本政府に接収され、国有財産として処理された。

大使館員の子供たちはいずれも小学生の年齢で、人数はそれほど多くなかったが、倭文子はわずかの間に、その全員と親しくなった。

「彼らのなかにいきなり飛び込んで、手をつないだり、跳びはねたり、歌をうたったり、母がいきいきと子供たちと交わる様子を、かすかにおぼえています。肌の触れ合いを通じて、信頼の絆を積みあげていく。そのような行動を本能的にとることができたのは、おそらく母の天性の才能だったと思います」

小学校に入るか入らないか、そのころの森田の記憶である。

一郎の家族はこのころ、東京・牛込の家で、嘉壽之丞夫妻といっしょに住んでいた。まさに「教育一家」そのものであった。

いつも、中国人の留学生や大使館員の子弟たちのために開放されており、森田もそのなかに入って遊んだ。親たちの出入りもあり、ほとんど学校と同じような教育の場、人と人とのふれ合いの場となっていた。

やがて、倭文子自身も教育を「天職」とするが、その覚醒、信念はこの時期、中国人の子弟への教育を通して培われ、熟成、発酵していく。

このころ、一郎と倭文子は折に触れて、「会津の教育」について語り合っていた。ことに生徒を叱ることの難しさ、どのような時に、どのように叱るのか、そんな悩みについて意見を交わした。

感情的な叱り方をすれば、反発をまねくだけ、信頼がなければ怨みを残すだけだろう。常に、叱る相手の人格を考えながら、大らかな愛情でくるみ、しかし、叱るべき時には厳しく叱らなければならない。

この会津教育の伝統は、昭和の初期、つまり武士社会が滅んで70年になるこの時期でも、2人の胸のなかに息づいていた。

森田は、この「会津の心」を決して忘れない家庭で成長していた。

そこには、「厳（きびしさ）」のなかにも「緩（おだやかさ）」の眼差しがある。時代を経るにつれて、それは「愛にあふれた厳しさ」という実践倫理として、会津出身の教育者の指針のようになっていた。

子供たちは倭文子の愛情や熱意に敏感に反応し、彼らの澄んだ瞳には、民族や文化の違いを超えて、理解と信頼を秘めた輝きが増してくるように思われる。

倭文子は、ひたむきな若い生命が躍動することを実感し、伸びゆくものを教え育てていくことに無上の喜びを感じるようになっていた。

▼ボーイスカウトでヒトラー青少年団と遭遇

森田が生まれた1931（昭和6）年は、満州事変の年である。日本がこれを機に中国東北部への進出を本格化し、翌年春、満州国を独立させた。

このころから欧米列強の厳しい目が日本に注がれるようになり、1933年、日本は国際連盟からも脱退し、取り巻く国際環境はさらに厳しさを加えていた。

1937（昭和12）年の盧溝橋《ろこうきょう》事件を契機として、日本は中国との全面戦争に突入する。国内でも、中国人に対する国民の目は冷めたものになっていく。

「東亜学校」と名を変えた一郎らの学校は、なんとか授業を継続してはいた。

1994（平成6）年、NHKは『日中の道、天命なり』という特集番組を放送した。このなかで、嘉壽之丞が教頭をつとめる東亜学校について、中国人留学生の証言を交えながら振り返っている。

留学生のひとり、林林は「教え方がとても良く、内容も豊かで、日本留学で学んだことは多かった」とする一方で、「しかし、一歩学校を出ると、日本人たちは、大人から子供まで中国人を差別扱いするので、怖かった」と語っている。

東亜学校は、東亜高等予備学校としてのスタート時から、大学受験を目指す留学生のための学校だったから、日本語の学習にとどまらず、基礎学科についても配慮していた。教師たちは自らの教育観、世界観を含めて広く、心を込めて指導に当たっていたという。

数学の教科を担当する一郎も、単に教壇に立つだけでなく、留学生たちの生活全般にわたって熱血指導していた。

日中友好を通して、平和を維持することに腐心していた嘉壽之丞の姿に共鳴していたからであり、のちの生き方を見ても、その影響が大きかったことがわかる。

しかし、その父子の願いは破れ、両国は抜き差しならない状況に突入する。正常な外交関係を維持することも困難となり、倭文子は中国人子弟の教育に熱い思いを残しながらも、１９４０（昭和15）年、中華民国大使館の教育係を退いた。

倭文子が大使館の教育係として、その子弟たちに英語、音楽、さらにはフランス語まで教えていたころ、つまり森田が小学校に入る前後のその家は、戦前としては破格の異文化コミュニケーションの舞台になっていた。

倭文子は、一人っ子だった森田が集団生活の規律を学べるよう、ボーイスカウトに入れていた。そのボーイスカウトで、小学校の高学年のころ、森田は「おもしろい経験」をしたという。

「確か、東京の井の頭公園だったと思うのですが、そこで日本のボーイスカウトのジャンボリー（キャンプ大会）があり、外国の少年たちも招かれていました。その時は、わからなかったのですが、いっしょにキャンプをした若い外国人たちは、実はドイツから来ていたヒトラー・ユーゲントだったのです」

「ヒトラー青少年団」とも訳されるヒトラー・ユーゲントは、１９２６年にドイツのナチス党内に設けられた青少年組織に端を発し、やがて、ヒトラー政権の法律によって、国家の唯一の青少年団体となった組織である。

日本はドイツ、イタリアと三国軍事同盟を結んで、第２次世界大戦に突入する。戦争の足音は、ボーイスカウトといった少年たちの集いにも響きはじめていた。

森田の幼年期は、まさに自らを「軍国少年」と呼ばざるを得ないような厳しい環境に追い込まれていた。

靖国神社の例大祭で遊びほうけ、夜遅く帰宅した息子にいきなり短刀を突きつける、そんな母、倭文子の行動も、そうした緊張感がなせるものだったのかもしれない。

「非常時であるからこそ、男の子の躾《しつけ》はしっかりしなければ、という気持ちだったたろうと思います。そこに彼女の原点である会津の教えが顔を出すのです」

６歳から９歳までの子弟に、「年長者のいうことに、そむいてはなりませぬ、虚言をいってはなりませぬ、卑怯な振舞をしてはなりませぬ」、そして「ならぬことはならぬもの」を叩き込んだ「７つの誓い」である。

そこでは、藩士の親たちにも、子供の発展段階に応じて、適切に指導することの重要性が示され、その際には、厳しさのなかにも常に慈愛と寛容の気持ちを持つことの大切さが説かれていた。

森田は、母の教えを思う時、「会津精神の化身ともいうべき人柄の持ち主」であった旧会津藩士、柴五郎のことを思い出すという。

１８５９（安政６）年、会津若松に生まれた柴五郎は鶴ヶ城が落城した時にちょうど10歳、日新館に入学したばかりだった。

この時、祖母、母、姉妹ら家の女たち全員が自ら命を絶つという壮絶な運命を背負う。会津松平家の領地が没収され、斗南藩《となみ》に移住したあとも筆舌に尽くしがたい辛酸をなめた。人並はずれた努力の末、のちに旧陸軍軍人として陸軍大将にまでのぼり詰めるのだが、この柴五郎が晩年、母を回想して次のように語っている。

「きびしき気性の人にて、賢夫人として尊敬され、余の躾はほとんど母に負うところなれど、一面慈愛にあふるる母性として余を愛《いつく》しみ……」

これが会津において理想とされた女性の典型であり、森田の目からみた母、倭文子もまたこのようなタイプの女性だった。

柴五郎はつづける。

「正直にいわば、余はそのころの言葉で甲斐性《かいしょう》なし、弱虫というべし。……かかる弱虫にもきびしく躾けられ、寒けれども手を懐《ふところ》にせず、暑けれど扇をとらず、はだぬがず、道は目上にゆずりて片寄りて通るべし。門の敷居を踏まず、中央を通るべからず」

「客あらば……おくび、くさめ、あくびなどすべからず、退屈の体などすべからずと、きびしく訓練されたり」

柴五郎の回想はいちいち、森田の思い当たることばかりだった。金銭の使い方なども厳格に管理されていた。

「江戸末期の武家の家庭は、どこも同じような雰囲気だったと思いますが、会津では子弟教育での母親の責務が重く、そうであればこそ、やがて母となる女性に対する教育も重視されていたのです。明治になって、すでに70年が過ぎていた私の幼少期でもなお、母の家庭内での教育には、その名残があったのです」

森田はそう語り、いきなり短刀を突きつけてきた倭文子の顔を思い出しているようだった。

▼英語は「敵性語」、学校での授業も禁止

戦争によって、教育一家の歴史は、大きな転換点を迎えていた。

関東大震災で家を失うものの、ひたすら日本の平和、中国との友好を願い、苦闘をつづけてきた家族だったが、しかし、太平洋戦争の勃発によって、その願いは途切れた。

旧制水戸高等学校から東北帝国大学理学部で数学を学び、東亜高等予備学校はじめ東京の専門学校や大学で教鞭をとっていた一郎の20年余にわたる教員人生にも、戦争が大きな影を落とし始めた。

「父は教師として、中国大使館員の子弟や東亜学校の留学生の安否を気づかい、できることはないかと、それまでにも増して、熱い思いを抱いていたようです。しかし、そんな

思いとは逆に、時代は戦争へと向かっていた。子供たちと接する機会を失った母も同じです。私は、そんな父母の姿を近くで見ているのがつらかったのを憶えています」

森田自身、「この戦争によって、日本はどうなるのか」という不安を募らせ、日常生活での緊張感も日に日に高まっていた。

やがて一郎は、芝浦工業専門学校（現・芝浦工業大学）の教授に招かれる。数学の主任教授に就任したものの、教官として学徒動員の学生らとともに、過ごすことになる。

ことに戦争末期、１９４４（昭和19）年に学徒動員令が公布されたあとは、学生・生徒は男女ともに、労働力不足を補うため、軍需工場などでの勤労作業に従事しなければならなくなり、中学校以上の学校ではほとんど正常な授業ができなくなっていた。

それまで中学校の外国語授業は、一部の私学を除き、ほとんどの学校で英語を時間割に組み入れていたが、やがて英語は「敵性語」であると忌避され、授業時間も削減されていく。

一郎は、芝浦高専の学生を三重県・鈴鹿の海軍工廠に連れていくようになり、そのたびに京都の知人たちを訪ねた。

④「人が好き」、教育一家の血脈を背負う

▼「世界連邦」に注いだ父母の情熱を忘れず

学校法人京都外国語大学は１９４７（昭和22）年５月、京都外国語学校として創立された。１９４５（昭和20）年８月の終戦からまだ２年もたたなかった。

この当時、何よりも求められたものは世界の平和であり、その基盤としての国際的理解だった。

終戦後すぐに、両親を相次いで亡くした一郎は、妻の倭文子とともに、世界がこの国際的な理解を共有できる道のために貢献しようと考えていた。

それには「外国語をマスターし、それぞれの国の文化や経済、社会に通じた若い人材を育てることが急務」と思われた。

「私の両親は、教え子を学徒出陣によって戦場に向かわせていましたから、日本が２度と若者を戦争に送ることのないよう世界平和を実現したい、と考えたのです。幸い、長きにわたり、言語を通して外国人と理解し合うという貴重な経験を積んでいました。それを活用することが、戦争を生きた自分たちの責任を果たすことにもなると考えたのです」

森田はそう説明する。

すでに述べたように、京都外大の建学の精神は、4年制大学となった2年後の1961（昭和36）年、ウイーンで開かれた第10回世界連邦主義者世界大会（WAWF）に、一郎と倭文子が日本の代表として参加したことを契機として打ち出された。

一郎はこの会議に湯川秀樹の代理として出席し、英語で講演していた。

倭文子はその様子を手記に「（一郎総長は）大会2日目の『科学者の集い』に、英国、フランス、オーストリアの科学者とともに湯川博士の代理として講演され、全出席者に感銘を与え、とくに総長は東洋からただひとりの講演者であったため、大変な歓迎を受け、嬉しく思いました」と記している。

このWAWFの「世界連邦運動」は、第2次世界大戦が終結した1945年、日本の広島と長崎に原子爆弾が投下され、その悲惨さを目の当たりにした世界の科学者や文化人によってスタートした。

中心にいたのは一般相対性理論でノーベル物理学賞を受け、世界的な名声を博していたアインシュタインである。

1933（昭和8）年、ヒトラー政権によって母国ドイツを追われて、米国に渡り、その市民権を得て、東部の名門プリンストン大学で教鞭をとっていた。

アインシュタインは、原子力の国際管理を強く主張した。国際連合の機構、機能を強めて原子力をコントロールすることで、戦争への誘惑を可能な限り縮小しなければならない、と。

賛同者には、シュバイツァーやバートランド・ラッセルら著名な科学者、哲学者がおり、このなかには、日本の戦争責任をさばいた極東軍事裁判（東京裁判）の判事、ラダ・ビノード・パールの名もあった。

インド出身の法学者で、東京裁判のなかで唯一、日本無罪論を唱えたことで有名な人物である。

倭文子は湯川夫人、スミらと世界連邦全国婦人協議会を結成し、のちにはその理事長をつとめるなど、婦人の立場から世界平和を訴えた。

湯川は世界組織の第５代会長となるなど精力的に活動をつづけたが、１９８１（昭和56）年、「核兵器を廃絶し、平和な世界を目指す世界連邦構想は、決して夢ではありません。人類が本当に平和を願い、幸せに生きることを望むかぎり、道は必ず開けると思います」ということばを残してこの世を去った。

倭文子は一郎を亡くしたあとも、メキシコのグアダラハラ自治大学や日本政府に「世界平和のための国家機関（平和庁）」の創設を訴える論文をそれぞれ提出し、同大学から「教育学名誉教授」の称号を授与された。

こうした草の根運動家としての功績が認められ、１９７９年には、社会のために献身する女性に贈られる「赤松賞（元全織同盟副会長で参議院議員、故赤松常子の遺徳と功績を記念し制定）」を受けている。

▼「軍事力で国際紛争の解決はできない」

１９９４年、森田家で執り行われた倭文子の葬儀には約２０００人が参列した。

翌年３月には、学園主催の「しのぶ会」が京都外大のキャンパスにある森田記念講堂で挙行され、知人や卒業生、在校生ら約６００人がかけつけた。

参列者には、倭文子の思い出の文集「惜別の譜」と直筆の「不撓不屈」の色紙が記念として配られた。

最高顧問として常に学園のことを心にかけていた倭文子の逝去に、当時の学長、髙木久雄は「先生は最後まで、病をおしてまで、ほとんど毎日のように学園の法人部にお顔を見せられていました。ただ上からの指示を待っているのでなく、自ら進んでこの学園の発展のために教職員がこぞって気持ちを新たにしなければいけない」と語った。

いかなる困難をも克服し、初志を貫徹しようとする「不撓不屈」の国際人の育成に、倭文子は最後まで心血を注いだ。

創立当初、まだ外国語を教える教員をそろえるのが難しかった時期に、倭文子は当時、京都に駐留していたＧＨＱ（連合国の占領軍）と直談判した。すると将校がジープに乗って手伝いにやってきた。

そんなエネルギッシュな母の姿を思い出し、森田はいよいよ自分が学園運営の責任者となったことを自覚するとともに、「国際的に通用する社会人を輩出する」という父母の目指した〝ぶれない教育〟に磨きをかけることを誓った。

ともに会津に生まれた父と母、それぞれの持ち味を生かし、二人三脚で学園の運営に携わっていた。

終戦後の日本の荒廃を目の前にして、その痛みと苦しみのなかで、「国の再建には教育の確立、外国語教育の復活が何よりも必要」と前進する父母の姿に、森田はいつしか強い共感をおぼえるようになっていた。

軍事力によっては、外国とのトラブルは解決できない。敗戦という苦い経験を乗り越えることで、世界の平和を願うなら、そして穏やかな外国との交流を望むなら、相互に意志を伝え合うコミュニケーションが鍵を握ることを確信する。

語学の力は、そのためにこそある。「新しい日本」を支える人材を育成するという志から外国語教育の学校を創立した2人は、そこで「言語を通して世界の平和を」の基となる理念を見いだした。


それぞれ東京で教員をしていた一郎と倭文子が、京都で外国語の教育を手がけることになった端緒について、森田も聞かれることがある。

京都外国語大学が発足した当時、京都新聞の記者だった楢原恭三（のちに京都外大職員）は、「新大学物語」という特集記事を6回にわたり連載した。

そこには次のようなことが書かれていた。

「戦後のどさくさがまだつづいていた1947（昭和22）年、東京にひとりの知人が訪ねてきた。京都で外国語の塾を開いたので、その塾を広げるために資金を貸してほしいということだった。当時は預金封鎖のあったころで、倭文子は金を貸すことに反対したが、一郎はしかし知人のために20万円、うち8万円ほどを現金で都合した」

ところがこの知人は、無断で「森田一郎」の名を使って学生を募集していた。

そのことを聞きつけ、一郎と倭文子が京都にやって来ると、「塾」と称するものはどこにも見当たらない。ただ、募集した学生から授業料を納入させたきり、責任者の姿もない。

「悩んだ末の一郎、倭文子の決断は早かった。これを機に２人で温めてきた宿志の実現、自分たちの理想の学園の創立にのり出そう。そうすることで、世間を欺き、若者の心を傷つけることを回避しよう」

『学園五十年史』は、そう解説している。

ところが父、一郎は生涯、そうしたことがあったことには触れようとしなかった。そして、次のように説明するのが常だった。
「昭和22年、戦後尚日浅い困窮の時期に、私は東京工科大学学長の代理として、関西の私大と連絡をとるために、京都にやって参りました。当時関東におきましては殆どすべての私大は戦災に遭い、その復興は困難とみられていましたが、関西地方、特に京都では私大は健在であるところから、私大の関西発展をベイシックアイデアとする話し合いのための、上洛でありました」
「しかし、その後再度京都の地を訪れました時、私達は、この学問の都、京都に、外国語を専門とする学校を設立する意志を固めました」（19回目の創立記念日のあいさつ）
また、時には、「遡れば、現在京都府庁となっている場所に、会津藩主が京都守護職として居られ、その師として私どもの曽祖父もお仕えしていたことを思う時、ここに私どもの学園を営むことは、まことに奇しき因縁である」とも述べている。

つまり、会津武士の末裔として、京都への思いがいかに強かったか、そのことが一郎にとっては大切だった。

たとえ、当初に知人の裏切りがあったにしても、多くの知己を持ち、自分たちの学校に寄せられた支援の大きさに比べれば微々たるものだった、ということなのだろう。

▼教職員や学生とも「運命共同体」の心構えで
「たいがいのことを許し、たいがいの人を許した」

一郎の人柄について京都外大のなかで繰り返し語られたことばである。これも尊敬する父、嘉壽之丞の教えに学んだものと思われる。

宗教界や財界のバックがない私学の経営は、ことのほか難しい。

一郎と倭文子はそうした支援には頼らず、自らの才覚だけで学園の経営に挑みつづけた。だから学園の維持は、「人」を抜きにしては困難であることを熟知していた。

会津若松の出身で、京都外大に学び、学園に残って事務局長までつとめた宮原常夫は、「森田一郎博士は、常に人の和を強調されるとともに、信義を重んじ、策略を極度に嫌い、情に厚くしかも溺れず、常に学生・生徒のなかにあって、本学のモットーである不撓不屈の精神を示された」と書いている。

フランス語学科の教授だった長谷川隆二は「とにかく度胸があるというか、度量があるというか、重大な過失を犯した者に対しても、その人の身が立つように陰で心を砕かれる風であった。私学経営に関しては千軍万馬であられたことはいうまでもないが、それでいて幼児のように至純な性格で、いかにも旧制教育育ちの男らしい男性であった」と回顧している。

小事にこだわらず、豪放磊落な反面、人情の機微に通じ、人間としての優しさや懐の深さを兼ね備えていた。

その人柄ゆえに、京都という初めての土地でも、一郎の周りには人が集まり、やがて「径《みち》」ができていく。

そこには、「教育は人である」という一郎の揺るぎない信念があった。

教育は人であり、しかも短い期間でその成果をはかることの困難な事業でもある。ブドウが長い年月をかけて、芳醇なワインに醸成されていくように、教育も知識の積み重ねのうえに、周囲の人たちとの交流やその体臭までもが混ざり合って、いつしか独自の個性的な雰囲気を醸し出す。

それが、伝統となり、大学の個性、風格、アイデンティティーを形成する。

森田が常に、心にとめているのはそのことであり、一郎から学んだ最も大切な学園運営のための指針といってよい。


「君子は義に喩《さと》り、小人は利に喩る」

中国の孔子の言行録『論語』の里仁《りじん》編にあることばを、森田は常に心にとめている。

「優れた人物（君子）というのは、人としてのあるべき姿を判断基準としているのに対し、小さな人物は、自分の利益になるかどうかのみを判断基準にしている」というほどの意味だろう。難しいことではあるが、そうあるように努力したい。

この「義」とは、「人としてのあるべき姿」を指すことばといえるだろう。

平和の理念を高らかに掲げ、学生たちには「受け身になるのではなく、世界の平和を創る立場に近づくこと」を説く。理事長・総長としての身の処し方をどうしなければならないか、常に森田は考える。

江戸時代の末期に活躍した二宮尊徳(金次郎)が、弟子に話したとされる〝たらいの水〟のように、たらいのなかの水を、自分の方にかきよせると、向こうに逃げる。押しやれば、こちらに返ってくる。金銭も、物質も、人の幸福もまた同じことだろう。

「恩送り」ということばもある。

先祖や両親から子供や孫へ。地域の誰かからもらった「恩」は、次の誰かへ渡していく。「恩＝善意」が人から人へと伝達していけば、恩が社会を循環し、人が人を思いやるなかに身を置くことで自分も幸せになれる。

父の一郎は、江戸時代に生きたこうした人たちの考え方にも大きな影響を受けていた、と森田は考えている。

人工知能（ＡＩ）の時代がすぐそこまで来ているが、そのような時代になっても、人間が人間らしい情を失ってしまっては、元も子もない。

家族や地域の人たちとの絆、つながりをもういちど見直すことも大切だろう。そんなことを学生たちに話すことも多くなった。

「自分のことばかり考えていると、結局は、自分の利益にはならない。社会全体の利益を考えれば、結果として自分のためにもなる」

インターネットによって誰でも情報を発信できるようになった現代の若者たちには、そのような姿勢が一層求められるようになったことを理解してほしい、と森田はいう。

▼ラテンアメリカ研究で「名誉ある地位」に

森田は慶応大学大学院を修了後の20代半ば、ニューヨークのコロンビア大学大学院で学び、ラテンアメリカ政治史、日米国際関係史を専門とする研究者の道をスタートする。そのことが「日本人の国際化」という問題に独自の視点を加えることになった。

「私が留学した当時、アメリカは中南米諸国と奇妙な関係にあったのですが、そんなまだ日本人の知らない側面を学ぶのが面白かったものです。実際にメキシコやペルー、アルゼンチンなど中南米諸国に行ってみると、そこに住む人たちの不思議な魅力に、たちまち虜《とりこ》になってしまったのです」

森田にとって、ラテンアメリカの魅力は「人間」そのものにあった。ブラジル人もメキシコ人も、日本人にはない陽気さを持っている。音楽が流れると、老いも若きも、笑顔を振りまいて踊り出す。

彼らは明日のことなど気にしないかのようであり、先進国の視点では、未来への発展性に乏しい人たちのように映ることがある。しかし森田はそうは思わなかった。むしろ「彼らの方が日本人よりよほど自分たちの人生を楽しんでいる」と考えた。

民族性と片づければそれまでだが、当時の経済成長一点張りの日本人を見るにつけ、「真の意味で豊かな国を目指すなら、労働時間の短縮や長期休暇の確保を図りつつ、日々の生

2008年ファン・カルロス１世スペイン国王・王妃両陛下来学

活そのものをエンジョイする。そのことをラテンアメリカの人々から学んでもいいのではないか」と思うようになる。

これが「ラテンアメリカ野郎＝森田」誕生への導きであった。

今では、在京都メキシコ名誉領事、同ニカラグア名誉総領事、同グアテマラ名誉領事をつとめるとともに、ラテンアメリカ音楽協会やラテンアメリカ文化協会の会長なども率先して引き受けている。

京都外国語大学と中南米諸国との公式的な関係は１９７１（昭和46）年、創立者である父、森田一郎が在京都メキシコ名誉領事に就任したことに始まる。キャンパス内に名誉領事館が開設された。

メキシコ大統領歓迎祝宴

74年には、ブラジルの国立フルミネンセ大学、メキシコのグアダラハラ自治大学と学生交流協定を結ぶ。一郎はグアダラハラ自治大学から教育学名誉博士の学位を受け、没後にはメキシコのアギラ・アステカ勲章が贈られた。

一郎の急死に伴い、森田は在京都メキシコ名誉領事に就任し、１９８４年にグアダラハラ自治大学の法学名誉博士号を受けた。

こうした堅固な関係を基礎に、京都外大は中南米諸国の大統領や政府要人、大学関係者らを迎え入れ、多彩な文化交流を継続してきた。

日本では１９８０年代から「国際化」が叫ばれるようになったが、森田は「実はあまり国際化ということばが好きでなかった」という。

「国際化ということばがまかり通る、それは日本人の偏狭な考え方の裏返しではないかと思われたのです。当時の国際化は経済最優先で、その次が政治だったのです。さらに、国のありようを理解してもらうのに必要な肝心の文化交流は一番遅れていて、その『いびつさ』を嫌悪したのです」

「日本の工業製品は世界中で愛好されているのに、日本人の心はちっとも伝わっていないのではないか」。森田の世界を見る心は、留学していた時の素朴な感性と今もそう変わらない。人が大好きで、人間の心が伝わる交流を目指す森田の原点ともいえる。

最近では、国際化は「グローバル化」ということばに置き換えられるが、日本人の偏った世界観に変化はあったのだろうか。90歳を目前にして森田の気がかりはそのことにある。

「世界を見る若者たちの目を多彩で豊かなものに……」。日本私立大学協会でも国際交流委員会委員長の要職を長年つとめる森田は、そのことにこだわり続けている。

▼「人の輪」が世界を動かし、「平和」を創る

戦後の日本は、京都外国語大学の創立者の望みが叶ったかのように、戦争に加わることなく過ごすことができた。「令和」という新しい時代を迎えて、森田はそのことの重さを

思う。

日本の平和は、いかにして維持されてきたのか。一概にはいえない難しい問題である。昭和期には、旧ソ連陣営と米国を中心とする西側陣営との冷戦が長くつづき、時にその緊張が高まり、地域紛争も頻発した。そのなかで日本が平和な生活を維持できたのは、米国との同盟関係の存在が大きかった。

それはまぎれもない事実だろうが、森田がいうように、すでに時代は大きく変化している。米国との関係を重視することの大切さは変わらないにしても、冷戦構造が崩壊したのちの混迷のなかにあって、新たな外交姿勢が求められる。

それに伴って、「平和」そのものについても、より積極的に論議しなければならない時代になっている。

日本の経済は、過去も、そして現在も、海外との貿易によって成り立っている。これまでの経済的な繁栄は、国際的な平和が保たれ、国どうしの取引が円滑に行われる環境がなければ維持できない。

冷戦当時の日本人はそのことに、あまりに無関心すぎたのだろうか。平和であることが当たり前のように振る舞う「平和ぼけ」やエコノミックアニマル（経済で動く動物）といった批判もどこ吹く風と、経済繁栄にどっぷりと浸っていた。

しかしこれからの日本には、そうした姿勢はもはや許されないだろう。頼みの米国には「自国優先」の政権が誕生して、安全保障の面でも日本側のより大きな負担を求める。戦後ずっと、日本の最大の貿易相手国だった米国の力は後退し、２００４（平成16）年に中国がそれに代わる。共産主義という自由社会とは異なる政治体制の国家ではあっても、最大の貿易相手国となった中国とは上手につき合わなければならない。

ヨーロッパでも自国優先の風潮が強まる。中東やアラブ、中南米の国々でも、不安定な状況が生まれている。大量に流出する難民の問題は、これからの世界の安定を揺るがせる大きな不安材料となっている。

そうした混迷の国際社会にあって、日本のような島国は、軍事力によって平和を維持することはできない。今こそ、「言語を通した各国とのコミュニケーション」で安定をはかることが大切だ。森田の主張はそこに集約される。

武器ではなく、言語を通して安定をつかむ、それが国の「安全保障」にもつながるというその主張には教育者ならではのものがある。

ロシア語学科の開設に、「全方位教育」という理念を盛り込んだ背景には、森田のそうした願いが込められたと理解できる。

京都は、そうした教育を進めるうえでも有利な土地柄であることを森田は指摘する。

明治以来、日本人には宿痾《しゅくあ》のようになった「西洋コンプレックス」を抱えてきたが、京都にはそれが少ないように思われる。

「教育学者ジョン・デューイのプラグマティズムは、抽象論よりも具体的な事柄に配慮して行動することを説きます。京都の人たちも、空論を避けて日常生活から発想するリアリズム（現実主義）を好み、いたずらに形而上の論議に陥ることを嫌うのです」

「それは、長い歴史のなかで、大きな政変を何度も経験してきた京都人に特有のタフさといってもいい。そうした点では、幕末の戦争に特別の思い入れのある会津人などとは異なりますし、私自身、この京都の気風に学ぶことも多いのです」

これからの時代、厳しさを増す一方の世界にあって、傍観者の立場にならずに、平和というものを現実的な視点で「創ろう」とする人材を育てたい。

そうした教育を実践していくためにも、より良い意味でのリアリズムを生活の信条とする京都の気風に思いをはせるのである。

第3章　「令和」、新しい時代の外国語大学へ

①理想の「全人教育」導入、イメージ一新

▼「多言語」×「教養」で世界へはばたく

京都外国語大学は、言語をあやつる高いスキルとともに、国際社会や異文化への深い理解を備えた人材の育成を目指してきた。

外国語学部では、それぞれが専攻する言語を徹底的に学ぶことはもちろん、ひとつの言語にとらわれないカリキュラムが組まれる。

学科の枠を超え、第2、第3の外国語科目として、私立の外大でもトップの19の言語が選べる。興味や関心に応じて、複数の言語に親しむことができるのだ。

２０２０（令和２）年のロシア語学科の誕生によって、また新たな言語世界が加わる。ロシア語が使われる地域の多様性に目を向け、新しい角度から世界の課題解決に挑む。

森田が構想する「全方位教育」が完成形に近づきつつあることは、述べてきた通りだ。

「米国の哲学者で、教育学者でもあったジョン・デューイは、教育の基本は『良き市民』を育てることとしました。その考え方に共感するのです」

デューイが20世紀初頭から長く教授をつとめたニューヨークのコロンビア大学は、森田

が留学した大学である。

プラグマティズム（一種の功利主義哲学）の第一人者として精力的に執筆活動を展開したデューイの思想は、現実の社会にしっかりと根をおろす人間（市民）の形成であり、それが森田の志向する「全人教育」につながる。

大学の改革も、時代のニーズに対応したものが求められる。

森田もそうした考えから、教員と学生が互いに意見交換しながら授業を進める「反転型アクティブラーニング」や「Project-Based Learning（ＰＢＬ＝課題解決学習法）」などを積極的に導入した。

実は、このＰＢＬもデューイが考えた学習理論とされており、知識の暗記のような受け身の学習法を脱却し、自ら課題を発見して、その解決能力を身につけていくことに主眼を置く。

「本学は、外国語大学ではありますが、語学教育だけではない全人教育、学生たちの『人間力』を鍛えることに重心を移して来ました。『言語を通して世界の平和を』という建学の理念も、その中身を常に問い直し、時代のニーズに合ったものに作り直していくことが求められると思うからです」

現在の国際社会が抱える課題を解決するために必要なものは何か。そのためには、どのような人材育成が重要なのか。

この問い直しをへて、「言語＝外国語学習」「平和＝社会科学の統合的探究」という新しいコンセプトを考案した。

それは従来のカリキュラムに、これまで以上に「社会科学的」な要素を取り入れることであり、２０１８年の国際貢献学部という新学部誕生につながった。

国際貢献ということばからは、国際機関や非政府組織（ＮＧＯ）での活動などがイメージされるが、京都外大では、「国際貢献学」を次のように、より広く定義した。

①世界で起きている事象を、国民国家の枠組みを越えグローバルな視点から柔軟かつ多面的にとらえ、他者の意向を尊重しつつ対等な立場で意思疎通できる能力を養うこと。

②学際的な学びを通して得られる「学問知」と実践を通して得られる「経験知」を統合する能力を培うこと。

③社会や組織の課題を解決し、人類共通の利益に資する諸変化をもたらす能力を培うこと。

「グローバル化によって、ヒト・モノ・カネが自由に国境を越えて日常生活に影響を及ぼし、ビジネスにおいても新しい課題が次々に生まれています。国際貢献学によって養われるのは、狭義の国際貢献や国際協力にとどまらず、国内外で課題解決に取り組むすべての人たちに求められる力です。語学に加え、社会科学の技法も身につけることで、世界が求める知的な〝チェンジメーカー〟を育てていきたいと考えています」

語学や文化を中心とした「人文科学」、そこに政治学や経済・経営学、地域研究などの「社会科学」の要素を融合する、新学部の教育の大きな特色である。

▼「コミュニティ」でこそ、実のある学習に

国際貢献学部の中心となるプログラムが「コミュニティ（地域社会）エンゲージメント」であることは、すでに紹介した。

学部は２つの学科で組織され、人文科学と社会科学が融合した学びを、学生たち自身の経験を通して血肉化する。

それが「コミュニティとの連携・協働」であり、実際にコミュニティに入り、教室で学んだ知識を活用しながら、地域の人たちとともに課題の解決に取り組むサービスラーニングと定義できる。

サービスラーニングとは、１９８０年代に米国で始まった教育活動のひとつで、「社会

活動を通して市民性を育む学習」と解釈されている。

グローバルスタディーズ学科では、専門科目、たとえば政治学や経済学といった科目も英語で学べる。

地球全体に関係する課題に挑戦する人材には、幅広い社会科学系の知識や技法を身につけることが不可欠であり、留学生を交えたキャンパスで獲得した語学を武器に専門分野に切り込んでいく。

グローバル観光学科では、外国人に人気の観光スポット・京都という地域性を生かしながら、観光を「多文化間交流」ととらえ、さまざまな実践活動に取り組む。

「観光」の分野にも、最近はかなり広い意味が加わった。旅行会社やホテル、航空といった従来型の産業だけでなく、「フード（食品）ツーリズム」や「ヘルス（健康）ツーリズム」といった体験型、交流型の観光が脚光を浴びる。

グローバル観光学科は、「さまざまな出会いや発見が生まれるコミュニケーションの場として、産業としての可能性が急拡大する観光」をターゲットにする。

では、２つの学科が中心にすえたこのプログラムの実際の運用はどのようになっているのだろうか。

まず、1年次に専門科目を通じて自らの興味、関心の方向を探りながら、事前の学習を重ねる。2年次の夏、あるいは秋から5~7週間にわたって、国内外のコミュニティに飛び込んで活動する。

そこでは、国連の掲げる17の「持続可能な開発目標(SDGs)」などの共通するテーマが課題解決のための指針となる。

「留学とは異なり、たとえば、現地の福祉施設などに実際に入ることで、キャンパスのなかだけでは得られない大きなものを感じとり、成長できるはずです」

「語学プラスアルファ」といえば、まず語学があり、そこに何かを加えることだが、そうではなく、「まず、社会や地域のために何かをしたいという意識を高めること、そのためにこそ語学がある」というプログラムの主旨を知ってほしい。

森田はそう解説する。

実際に海外で展開中の実務例を、いくつか紹介しよう。

マレーシアでは、京都外大の日本文化センターがある国立マレーシア科学大学(USM)で講義を受け、そのうえで、社会福祉の施設で実務を体験したり、現地の一般家庭を訪問したりできる。

オーストラリアでは、シドニーとブリスベンで4週間の実践英語を学び、現地でのフィールドリサーチやボランティアワークなどに取り組む。

カナダのトロントでは、現地の日系出版社で、日本人のコミュニティ向けに発刊されている月刊誌の編集に携わり、リサーチやマーケティングを体験する。

このほか、グアム（米国）にある旅行会社の現地事務所で実務を経験したり、旅行商品の開発や地域の観光政策に参画したりといったプログラムも用意されている。

「海外でのこうした活動は学生にとってハードルの高いチャレンジになりますが、だからこそ、学生のモチベーションに強烈な刺激を与えることが期待されるのです」

森田は、そう力説した。

▼「楽しむこと」の大切さ、上達への近道

2010年、京都外大の卒業生である作家、赤染晶子（本名・瀬野晶子＝せの・あきこ）が芥川賞を受賞したことは、語学を専攻する学生たちにとっても大きな励みとなった。

京都府に生まれ、その芥川賞作品「乙女の密告」は、京都外大の在学時に経験したドイツ語の授業風景を巧みに取り入れ、語学を文学のなかにしっかりと息づかせた外大出身者ならではの作品と高く評価された。

しかし、持ち味のユーモアあふれる創作活動への期待がふくらんだのも束の間、赤染は２０１７（平成29）年９月、42歳の若さで亡くなった。

「本当に残念なことでしたが、赤染さんに教えられたことがあります。『玉磨かざれば光なし』。学生時代には目立ってはいなかったけれど、社会に出て大きな存在になられた。作品を拝読して、本学の教育を基礎に自分の才能を開花させていたことに感激したものです」

森田には、大学の実力とは「学生の持っている才能をどれだけ引き出せるか」にあることを、改めて痛感させられる機会となった。

そして「（教員は）学生たちが勉強をもっと好きになるよう努力してほしい。先生のやり方次第で、学問が好きになるか嫌いになるかが分かれる」という。

弁護士として活躍する金崎《かねざき》浩之の生き方にも、森田は注目している。

56歳になった金崎は、東京の高校時代は暴走族の幹部だった。

２年生の時に無期停学となり、中退してアルバイト生活をしていたものの、やがて学歴の大切さを痛感させられ、都立高校の定時制に通いながら受験勉強を始め、京都外大に入学してきた。

英会話クラブ（ＥＳＳ）に所属し、さまざまなジャンルの本を乱読するうちに、法律学に目覚めた。卒業後はアルバイトをしながら独学で勉強をし、29歳、６度目の挑戦で司法試験に合格した。

一時、弁護士の仕事を中断して世界各地を旅することで、社会的、経済的弱者の法的救済に身を投じ、自己破産の債務整理から離婚、医療過誤、少年事件まで幅広く活動する。テレビのモーニングショーのコメンテーターも経験、『ヤンキー、弁護士になる　～波乱の半生記～』（講談社）などの著書も若者の心をとらえている。

森田はこの２人の生き方をみて、あることばを思い出していた。

「これを知る者はこれを好む者に如《し》かず。これを好む者はこれを楽しむ者に如かず」

物事を理解して知っているつもりの者も、それを好んでいる人には及ばない。物事を好んでいる人は、それを心から楽しんでいる者には及ばない。

簡単にいえば、「好きこそものの上手なれ」だろうか。

中国に紀元前６世紀に生まれた孔子の、その弟子たちとの対話を集めた『論語』のなかにあることばで、孔子の学問に対する基本的な考え方や態度が表明されている。

森田は考える。

大学での日ごろの学習態度を振り返って見ると、授業で出された課題を、締め切りに追われて片づけるのがやっとで、学習を苦痛に感じる経験は誰にでもある。

しかし、その学問を誰かに強制されていると感じている間は、どんな学びも決して楽しくはならない。

とくに外国語はそうだ。ただ、漫然《まんぜん》と授業を受けるのではなく、前向きに取り組む姿勢がなければ、上達にはつながらない。

学びには「知る」「好む」「楽しむ」の３つの段階がある。

孔子は、何かを「好む」ことで「知る」を超えた積極性が生まれ、さらにそのうえに、「楽しむ」ことのできる視界が広がるというのだ。

外国語を読んだり話したりすることで心が躍る思いになれば、「楽しむ」の段階に至ったことになるだろう。そして楽しんで取り組める時、人は、たとえ困難があったとしても、それを乗り越えて継続することができる。

楽しいところに気づけば、がんばれる。何ごとを学ぶ場合でも同じであることを、赤染、金崎の２人の卒業生の生きざまから再確認した。

京都外大の正門を入った右手、９号館（国際交流会館）の１階に、高い天井の喫茶・軽食コーナーがある。

名は「カフェタロー」という。学長時代の森田が「大学を楽しもう」と呼びかけて１９９１（平成３）年３月にオープンした。

このコーナーの壁に、「芸術は爆発だ」と創作活動を楽しんだ岡本太郎の作品が飾ってある。タテ・ヨコそれぞれ５メートルという巨大なものだ。

真っ赤な眼からあふれるエネルギー、脈打つような躍動感、まさに爆発しているような作品は「眼と眼（コミュニケーション）」と名づけられた。ことばより先に眼と眼でコミュニケーションを交わす姿をイメージした陶板壁画である。

カフェタローの壁画

森田は、太郎の秘書で、のちに養女となった岡本（平野）敏子と親交があった。

９号館建設を、京都における国際交流を象徴的に表現するものにしたい。そんな思いから、大阪万博のモニュメント「太陽の塔」を手がけた太郎に作品を依頼した。

太郎は「太陽の塔」を製作した滋賀県・信楽《しがらき》のアトリエで1年がかりでこの作品を作りあげた。たびたび大学を訪れ、壁画の場所にも細かな指示を出し、そこを絶対に動かさないよう約束させたという。

「カフェタロー」は、「楽しんで学ぼう」という森田の教育への思いを象徴する場所のひとつとなっている。

②国は早急に、国公立大との格差是正を

▼留学生も公費で、〃一石三鳥〃の成果期待

京都外大は中南米、ヨーロッパ、オセアニアなど世界中の大学と交流協定を結び、毎年、海外の協定校から留学生を迎え入れ、多くの在校生が海外へ飛び立っている。

留学生の派遣や受け入れなどを目的とした海外の協定大学は35カ国１６２大学（２０１９年2月現在）に達し、現在は、留学生別科・特別聴講あわせて２００人近くの外国人学生が学んでいる。

京都のキャンパスには毎年、約30カ国からさまざまなバックグラウンドを持った学生たちが集まり、ダイバーシティ（多様性）に満ちた活気をみせている。

日本政府は２０１３（平成25）年、国の成長戦略のひとつとして、「世界で活躍するグローバル人材の育成」を掲げた。

「今後の10年間で世界大学ランキングの上位１００校に10校以上のランクインを目指す、日本人の留学生を12万人に、外国からの留学生を30万人にそれぞれ倍増する、大学入試や卒業認定に外部の英語能力テストを活用する」

そんな内容だった。

２００４（平成16）年をピークに急速に落ち込んだ日本人の留学数の減少に歯止めをかけ、海外からの留学生を増やすことを大学改革の柱にしたのだ。

その結果どうなっているか。２０１７年度の外国人留学生は26万７０００人、日本人学生の留学は９万６０００人である。

どう評価するかは微妙なところだが、「学士課程（学部学生）に占める留学生の割合」で見ると、経済協力開発機構（ＯＥＣＤ）の加盟国の平均４・３％に対して、日本は２・４％とまだまだ低い。

森田は、内外の留学生が増えない理由として、国公立大学に比べて私立大学への国の支援が少ないことをあげる。

「日本の大学卒業者の70～80％は私学出身者なのに、私学に対する公的な財政支出が極端に少ない。私大の学生ひとり当たりの公財政支出は約17万円と、ＯＥＣＤ加盟国のなかで圧倒的な最下位です」

この不公平が、状況を改善できない足かせになっている、という。

日本人の留学生が減った理由として、「学生の内向き志向」や「日本人の草食化」を指摘する声があった。とくに全体の40％近くを占めた米国への留学数が１９９０年代後半から半減したことに危機感が高まった。

しかし、学生気質の変化はさておき、米国での学費、生活費の急上昇という現実的な問題があった。最近では、米国の公立の４年制大学に留学すると、年間４００万円もの費用が必要になるといわれる。

日本人の留学生を増やすには、財政面のバックアップを含めかなり踏み込んだ取り組みが必要と森田はいう。

外国からの留学生受け入れでも、森田は長年にわたって汗を流してきた。日本私立大学団体連合会に１９８９（平成元）年に設立された「日本語教育連絡協議会」では、当初から座長をつとめ、すでに30年を超えた。

「留学生別科」を持つ私大を中心に、海外からの留学生をスムーズに受け入れる体制の整備を図ってきた組織だが、ここにきて、私大での大量の不法在留者の発覚や、なかなか進まない外国人留学生の就職など、多くの課題を抱える。

ポスト留学生30万人計画など政府の新しい施策も示されつつあるが、私大の財政状況が厳しさを増すなかで、協議会のメンバーには不満が広がる。

海外からの留学生を増やすには公費負担が必要、と森田は主張してきた。

将来の人口減少による労働力不足への対応や、地方大学を含めた高等教育の国際競争力の強化には、「日本も欧米の大学のように、留学生を公費によって増やす必要がある」と。

１９８０年代からの留学生10万人計画を引き継ぐように、現在は30万人計画の途上にあるが、「受け入れ計画は60万人でも１００万人でもいいから、ひとりでも多くの若者にいろいろな国や地域から日本に来てもらう。

それが結果として、定員割れや財政不安を抱える大学を活性化し、同時に経営努力を促す契機となる。

さらに、留学生の卒業後は、就職がしやすい環境を整備し、国内の高度な人材として活用する。

留学生が母国に帰っても、海外に知日派、親日派を増やすことで友好親善がはかられ、それが安全保障にも資する。つまり〝一石三鳥〟の施策になる、と力説する。

「私大はハンデを負わされているのです。国公立は、留学生の宿舎や費用負担も私学より少なくてすむ。国立大は国民全体の税金でまかない、公立大には地方税があります。一方の私学を支えるのは多額の自己負担です。このことが私学全体に不公平感を広げており、早急に是正しなければ、留学生の伸びも期待できないでしょう」

▼グローバル時代こそ、オリジナリティを

約５０００人の学生数とコンパクトなキャンパス、京都という魅力的な舞台で、世界各地の若者たちと多様な交流を味わえる。

森田は、京都外大は「身の丈《たけ》」にあった経営を目指すという。「言語と平和」という国内の大学では稀有な理念を掲げる「インディペンデント（独立自尊）の身の丈」経営である。

私立大学は今、「その３分の１が淘汰の危機にさらされる」といわれるほど深刻な環境に置かれている。規模の小さな大学の経営は、厳しさを増すばかりだ。

しかし、森田は「儲《もうか》っているから良い大学とはいえない」と強調する。関係省庁にはぜひとも、改革に努力する大学の多様な教育の実情を丁寧に見てもらいたい。

「立地する地域」や「定員の多寡」といった画一的な枠組みで大学に網をかけるような規制が、大学側のやる気をそこなう心配もある。

「いくつかの問題大学を管理するために、一括して全体を取り締まるようなやり方が問題で、私大関係者のなかには、『何も問題が起きないよう、何もしないでほしい』といわれているようで、心ある改革の芽も摘んでしまう、との不満が出ています」。そう指摘する。

私立大学には、どこにも独立自尊の創設者の理念、「建学の精神」というものがあり、それを忘れてしまっては私学ではない。その原点を再確認することが、今こそ、必要とされているはずだ。

その懸念の背景には、すでに述べたように、教育の世界にまで入り込んできたマーケット（市場）主義の横行がある。

「教育は営利目的ではありません。経営の効率化はけっこうですが、行き過ぎると、各大学の教育上の理念が置き去りにされかねないのです。受験生の目を引こうというのか、何を教えるのかわからないような名前の学部が次々にできました。最近は、学部をまるごと他の大学に譲渡（売却）できるような制度改正もなされていますが、それぞれの大学の建学の精神はどうなっているのか、と思うのです」

大学経営をビジネスと割り切り、経営の効率化にばかり目が行く、そんな風潮が広がっているのではないか。

それは、世界の大国の指導者が、すでに存在する協定や条約を一方的に破棄し、自国の利益ばかりを優先する動きと連動しているようでもあり、不安は広がる。

「百年の計」といわれる教育の世界には、そうした考え方は持ち込んでほしくない、と森田は思う。

だから、「グローバルな時代こそ、オリジナリティ（独自の特色）を」。森田はそのことを訴えるのである。

日本私立大学協会（私大協）の副会長、その関西支部長に就任して27年になるが、最近の会合などで考えさせられるのはもっぱら、そのことである。

「大学の国際化で文部科学省は、世界の大学ランキングでの順位をあげる施策のひとつとして『スーパーグローバル大学創生支援事業』を始め、シラバスの英語化、外国人留学生や外国語による授業科目の増加などを求めました。英語は重要なツールですが、これらの目標を達成するだけでは、世界のなかでのランキングをあげることはできないと思います」

では、どのようにすればいいのか。

森田は「日本の大学、とくに人文社会系の場合、日本独自の学問を構築して、研究すること、『日本人の思想で、日本語を用いて研究するからこそできる分野』があることを忘れてはいけない」という。

輸入学問や翻訳学問ではなく、日本独自のオリジナルな学問を構築する努力を忘れて世界の大学に名を連ねることはできない。

「もちろん社会の要請に応える人材育成という役割がありますが、それだけでは私立大学の存在理由がありません。見失っていけないのは創立者の理念です。グローバル化のかけ声で一斉にそちらに向かってしまい、『個性化』といいながら、気がつけば『画一化』してしまっている。そんな傾向があるように思うのです」

日本の地方には良い大学、きらりと輝く大学がたくさんある。

新しい行政手続法に基づく意見公募（パブリックコメント）という制度もできて、文部科学省でも、政令や省令案について大学側に説明し、要望も聞くという。

森田は、「とにかく国には、大学全体に大綱をかぶせるような施策ではなく、地方の中小の大学の要望を見極めて、きめ細かに対応してほしい」と、私大協側の意見を集約した。

▼外大西高、専門学校もグループ校の存在感

森田が心血を注いできた学校法人京都外国語大学では、その一翼を担う存在として、「京都外大西高等学校」と「京都外国語専門学校」があることを忘れることはできない。

両校は、京都外大・短大とともに、京都の教育界に確固とした地位を占める総合学園を形成している。

京都外大西高は森田の母、倭文子の肝いりで、「ジェントルマン精神を尊ぶ男子校」としてスタートした。そのことはすでに記したが、ちょうど30年前の１９８９（平成元）年、男女共学に転換した。

その前年、京都外大・短大の学長に就任した森田は、学園の法人部に「企画事業部」を設け、将来を見すえた多くの改革に着手していた。そのひとつが外大西高での「国際文化コース」の開設だった。

急速な国際化が進んだ日本社会には、高校にも新しいタイプの教育が求められ、そこに

京都外大西高正門

誕生したのが「英語教育と文化理解をベース」にする新たな発想だった。

「日本の文化を把握し、そのうえで外国の文化を理解する。そうした幅広い国際感覚を養うことが叫ばれていたのですが、当時の英語教育は、10年以上も勉強して簡単なコミュニケーションもできない大学生が大半という状況でした。時代にマッチしたものに変えることはできないかと考えたのです」

幸い、外大西高の校長だった岩田義忠も同意見だった。

「京都外国語大学の併設校という特色を生かして、高校・大学の通算7年間の一貫した英語教育を理想とするような改革はできないものでしょうか」

森田は、すかさず岩田の提言を受け入れ、

新しいコースに改革への思いを込めた。同時に、これを機に男女の共学化に踏み切ったのである。

「共学にすると岩田校長は、まだ健在だった私の母から、『あんた何するのよ』といわれたそうです。母は男子校に思い入れがありましたからね。それに、当時の京都には宗教法人が経営する女子高が多く、生徒募集に影響が出るから、と校長会で問い詰められたりしました。しかし、現在では京都の私立高は大半が共学になりました。隔世の感ですね」

現在の外大西高には、「普通科」の高校として４つのコースがある。

国公立大学や難関の私立大学を目指す従来の「特進コーススープリーム・エクシード」は２０１７年、スープリームを「特進コースⅠ」、エクシードを「特進コースⅡ」へと改称している。

これに、生きた英語を学んで海外進出を志す生徒たちのための「国際文化コース」があり、さらに文武両道で自らの夢に向かう「総合進学コース（ステラコース）」、心技体を鍛えながらトップアスリートを目指す「体育コース」と、それぞれ特色を生かしたカリキュラムを組んでいる。

外大西高は、伝統的にクラブ活動も活発で、特に運動部の活躍が目覚ましく、全国レベルの活躍を見せている。出身の有名人としては、元漫才師の上岡龍太郎や歌舞伎俳優の15代目片岡仁左衛門、プロ野球選手の大野雄大（中日ドラゴンズ）らを輩出している。

森田自身、２０００（平成12）年に、それまで28年間校長をつとめた岩田の跡を受けて第５代校長に就いている。

翌年には、校名を京都外大西高等学校に変えると、「外大との一貫教育の理想」がより鮮明になったと評判が良かった。その勢いで硬式野球部が２００５年夏の甲子園で準優勝するなど、知名度を高める効果も生まれた。

森田の後任となった現校長、北村聡は「本校は『不撓不屈』の建学精神と『強く、正しく、明るく』を校訓とし、どんな困難にも決して負けない、優しさと厳しさをかね備えた人間の育成を目標としています。それぞれが国際感覚を身につけ、将来、世界にはばたき、活躍することを期待します」と生徒たちにエールを送る。

一方の京都外国語専門学校（京外専）は、法人の設立50周年の記念事業の一環として１９９８（平成10）年に誕生した。

「アジアを学ぶ」をテーマに掲げるこの学校の特色は「英語はもちろん、アジアのことばも学べる数少ない教育機関」である。

京都外国語専門学校正門

21世紀はアジアの時代といわれる通り、各国の発展は目覚ましく、「英語＋アジア語」を駆使できる人材の需要はますます高まる。

同校では2年間で、中国語や韓国・朝鮮語をはじめ、タイ語、インドネシア語、ベトナム語、日本語（日本語教師養成）と、幅広いアジアの言語を集中して学べる。

京都外大の併設校としてカリキュラムも講師陣も充実、在校生には有利な「併設校推薦編入学制度」もある。毎年、多くの卒業生が京都外大はもちろん、志望する4年制大学への編入学の夢を実現している。

校長の田渕良秋は、「外国語の修得は決して生易しいものではありませんが、本校独自の教育システムと優秀な講師陣が、私たちの誇りです。本校で学ぶ２年間で、語学という

『世界に通じるパスポート』が身につくことを確信します」と力強く語っている。

③父母の建学精神で、将来への道も輝く

▼「平和を掲げた京都外大」、海外でも認知へ

真の国際人の養成という創立者の理想を今に生かしていく。京都外大での森田の一貫した大学運営は、カリキュラムの構成にも明らかだ。

毎年、入学後すぐの大学と短期大学の1年生を対象に、「言語と平和」をテーマにした講義をつづけてきた。

現在は、学長の松田武を筆頭に、教授陣や外部講師によるリレー講義が7月まで計15コマ組まれている。秋学期には、実践的な思考技能や課題解決の技術を学ぶ演習形式の講義があり、春秋計4単位は必修科目となっている。

また、元国連事務次長の明石康や広島・長崎両市長などによる講演会も適宜開催して、学生たちに「建学の精神」の大切さを浸透させる努力を怠らない。

森田は2016（平成28）年6月、明石に京都外大の名誉博士号を授与した。

日本の国連加盟60周年を記念し、その国連活動への貢献と世界平和への努力を称えるもので、博士号を受けた明石は、同じ日に京都外大で開催された第７回「日本大学英語模擬国連（ＪＵＥＭＵＮ）」で基調講演した。

森田のこうした努力に教員たちも、積極的に協力している。

原爆投下から70年となった２０１５年、被爆者の声を世界に届けようと「被爆者証言の世界化ネットワーク（ＮＥＴ－ＧＴＡＳ）」が設立され、事務局が京都外大の国際言語平和研究所に置かれた。

体験記やビデオなど被爆者の記録のほとんどは日本語のため、他の言語の世界の人々には原爆の非人道的な事実が、ほとんど浸透していなかった。

広島、長崎の被爆者らが、自らの体験を語るビデオを多言語に翻訳し、それを世界に向けて発信したい。そのために教員たちが立ちあがった。

「被爆者の高齢化が進み、悲惨な記憶が薄れていくなかで、京都外大の学生や、関心を持ってくれる若者たちが、次の世代に語り継ぎ、世界に発信して行く役割を担っています。京都外大らしい素晴らしい活動といえます」

森田は満足そうに笑みを浮かべた。

「被爆者の声、世界へ届け」のテーマのもと、多言語への翻訳や動画配信の取り組みが京都外大を拠点に進む。そのことが多くのメディアで取りあげられ、学生たちにも大学の理念に対する共感が広がっている。

ある年の活動のひとつには、国内外4つの大学、ヘルシンキ大学（フィンランド）、リューブリャナ大学（スロベニア）、筑波大学、横浜国立大学の学生たちが、京都外大に集い、テレビ会議で交流した。

73歳になっていた京都在住の広島の原爆被爆者、花垣ルミのインタビューをテレビ会議室からナマ中継し、これを受けて5大学の学生が花垣に質問したり、「核のない世界を創るために自分たちは何ができるか」といった意見交換をしたりした。

インタビューのなかで、被爆体験を素材に花垣が自分で作った紙芝居が紹介された。その英語版を見た京都外大のカナダ人教員が即興で、感情を込めて紙芝居のセリフを読みあげるハプニングもあった。

筑波大のロシア人留学生は感動の表情で、「この紙芝居をロシア語に翻訳して、私の国でも広めたい」と発言し、花垣を喜ばせたという。

「大学は教育にしても、経営にしても、教職員全員の叡智《えいち》とアイデア、そして実行力が欠かせません。そこで練りあげられた理念こそが、その時代にマッチした大学の存在価値になるのです。そのことをわきまえた教職員の努力に敬意を表するのです」

最近では、「（日本で）平和を掲げた大学といえば、京都外大」という認識が世界に広がりつつあるという。

▼「モリタ」目当てに京都を訪問する要人たち

森田の履歴を見ると、ベルギーやドイツ、ポルトガルの各協会の顧問、中南米各国の名誉領事、日本ユネスコ協会の役員、国際連合協会京都本部の顧問……と枚挙にいとまがない。

そのうえ、各国からの勲章や感謝状、京都では、地域の発展に尽くした功労賞とこれまた、すごい数の受賞歴がある。

日本政府からは藍綬褒章（教育功労）、２００８（平成20）年には「旭日中綬章」を受けている。

これだけの人脈があるから、外国からの賓客の間では、「日本に行ったら、京都に立ち寄るべし、そこでモリタに会うのがいい」とささやかれるという。

しかも、大統領や外交官といった各国を代表するような人たちも、わざわざ京都まで足を運んでいるというのだから、驚く。

「メキシコでは、モリタは特産の香辛料を作る一番の会社の名であり、すっかり知られるようになりました。外国人とのつき合いも、私は、構えないこと、率直なことを心がけていますから、気軽にお寄りいただけるのかもしれません」

京都外大の職員たちも、「（理事長は）とにかく気さくで、もてなしがうまい。〝ラテンアメリカ野郎〟を自認しているように、ざっくばらんで、誰であろうと、『みんな人間だから』と心を溶かしあい、友人になってしまう」と舌を巻く。

まさに「人が好き」という森田の面目躍如である。

そんな森田について、長年、身近で接してきた関係者は「ことに、その礼儀正しさには驚かされる」という。

「言葉づかいは常に丁寧《ていねい》で、声を荒らげるところを見たことがありません。客人には自ら会うことを心がけ、必ず、帰りのエレベーターまで見送ります。相手が留学生であれ、2度と会うことのないような人であれ、わけへだてがないのです」

これも森田が父母から受け継いだ「信頼」を厚くするための作法のひとつとこの関係者は語った。

「国際交流へのあつい思いは、留学生との交わりでも際立っています。森田は受け入れる留学生一人ひとりの顔を見て握手をかわし、自ら支援のエールを贈るのです。留学生たちは、日本のやさしい文化とともに森田の心温まる視線をいっぱいに吸収して、母国に帰っていくのです」

「言語を通して世界の平和を」という建学の精神の具現化に、この森田の人柄が寄与しているのである。

21世紀の有望産業としてクローズアップされる「観光」、京都はそのトップを走っている。旅行客の観光消費額は、１４７万人の京都市民全体の年間消費額の実に53％にも相当するという。

これはインバウンド（来日外国人）の伸びと連動しており、森田が国際貢献学部に「グローバル観光学科」を設けたのは、そのニーズに応えるためでもある。

日本は「遠い、高い、分からない国」といわれ、敬遠されることもあった時代を考えると、隔世の感だが、インバウンドの急増にともなって日本側でも、従来の対応では追いつかない面が生まれている。

インターネットが普及したことで、外国人にも日本に関する基礎的な知識を持つ人たちが増えた。彼らの訪日の目的は、「より詳しく日本を知りたい、実際にこの目で見たい」という方向にシフトし、ニーズは以前より格段に多様化、細分化している。

たとえば、東南アジアのタイの書店では「日本」全体のガイドブックの数は減っており、かわりに日本の都道府県のガイドブックや、ドラマのロケ地にスポットを当てた本が並べられるという。

「ですから、上手にコミュニケーションをとるには、相手の考えていることを受け止める好奇心と努力が重要になります。学生たちも、世界の問題に関心を持つとともに、語学だけでなく、経済学や経営学、地域研究といった社会科学的な勉強も必要なのです」

インバウンドの急増で「国内の国際化」が進む日本で、外国語大学の学生たちにもより積極的な対応が求められる。

たとえば、海外からの旅行客を親しみを込めて迎える、しかし、そこで交わす会話の「話題」が、誰に対しても同じというわけにはいかない。

どの国から、何を目的に日本を、京都を訪問したのか、その国で話題になっていることや相手の興味や関心に合わせた会話をできる能力が必要になっている。

「語学力の方は、外国語大学ですから心配いりません。優秀な教員がそろっています。ただし、そこにプラスアルファとなるような『教養』を身につける努力が欠かせなくなっているのです。10年、20年先を視野にいれ、外国語大学の新しいあり方を追求します」

米寿になった森田の怪気炎である。

▼アクティブでタフな若者たちよ、来たれ！

世界は、時間的にも空間的にも狭くなり、国際感覚を持つ若者を育てる必要性がますます大きくなった。

「国内の国際化」とは、異文化の人間がすぐそばで暮らす社会のことであり、それぞれが独自の価値観を持つ文化であることを認識することが求められる。

加えて、これからの「Society5.0」の社会では、人工知能（ＡＩ）や「ＩｏＴ」、ロボット、ビッグデータなどによる第４次産業革命が急速に進む。

自動車は自動運転に、外科手術はロボットに、顧客からの電話もＡＩが対応する。そんな社会とどう向き合うのか、大学にとっても避けて通れない課題だ。

厳しい学生獲得競争を生き抜くためには、学生一人ひとりへのサポートを手厚くすることが重要な鍵となる。

ＡＩを活用することによって、時間や労力の負担を増やすことなく、きめ細かな学習指導が可能となり、学生の満足度をあげられる。大学運営に関わる業務も、格段に効率化がはかれるという。

京都外大でも、すでにさまざまな手立てを講じている。

しかし、森田は「時代の流れは無視できないが、時代に流されているだけでは、私立の大学の存在理由がなくなってしまう」と強調する。

「今の私学には、自分というものをしっかり持った生き方が重要です。もちろん、変化の重要性を否定しませんが、変化してはならないものもあると私は思っているのです」

森田にとって、教育は「良き市民」を育てることであり、インターネットで手軽に情報が入るようになることで、人間が劣化してしまうようなことでは困る。

「学力の向上ばかりではなく、共同体を大切にするとか、家族を大切にするとか、教育の本質といえる面にもっと目を向けるべきです。苦しんでいる人や貧しい人を助けたいと考え、行動する人を育てること、それこそが教育の責務であると考えています」

教育を国づくりの土台としてきた日本の伝統に立ち返り、真の教育実践を大切にしていく。令和時代の新しいリーダーは、そうした認識のうえに育まれるべきだという。

「思えば、この学校を創立したころ、創立者も学生も教職員もいっしょに汗を流し、『力を合わせ、ひとつになって』という熱意と熱気がありました。今は、できあがったベルトコンベアのうえの教育になっていないか、社会の風潮に流されるままになっていないか反省してみることも必要でしょう」

「私は偏差値の高い学生ばかり入学させる必要はないと思っています。個々の持つ良い素質を磨いてもらって、国際的な感覚を持って堂々と生きていける人に育ってほしいのです」

森田の語り口は率直であり、それは、この70年余の京都外国語大学の歴史への誇りと自信に裏打ちされている。

森田の父、一郎と母、倭文子は敗戦後の混乱期に、「このままでは日本は、世界の孤児になってしまう」と、外国語学校の設立に取り組み、いち早く「国際化」を先取りする教育を実践した。

「言語を通して世界の平和を」の建学の精神は、一貫して戦後社会を生き抜いた。日本はその願いが届いたかのように、経済大国として再生を果たし、「平和」の時代を謳歌してもきた。

そのことの大きな意味を森田は噛みしめる。

しかし、目を世界に転じると、あちこちで地域紛争や民族・宗教の対立がむしろ拡大する兆しすら見えている。世界の平和は、簡単には実現しそうにない。

「傍観者にならず、平和を創る側に立て」。森田は学生たちをそう叱咤、激励する。

外交官や海外で華やかに活躍する人たちだけが、「平和」を語れるのではない。むしろ、貧しい途上国に少しでも光をもたらそうと汗をながして働く青年海外協力隊や国際ボランティアのようなアクティブな若者たちに魅力を感じる。そこには、森田が父母から引き継いだ理念がある。

「外国語を身につけて、世界の動きについていける視野と教養を持つ。そのうえで、若い時には、路上で人々と触れ合い、グローバルな視点でその地域の問題に積極果敢にチャレンジしていく。それくらいの元気、やる気が必要なのです」

そんなタフな若者たちを、森田は待っているという。

森田 嘉一（もりた・よしかづ）履歴

〈学　歴〉

1931年　東京都生まれ
1949年　麻布高等学校卒業
1953年　成蹊大学政治経済学部卒業
1956年　慶應義塾大学大学院法学研究科修了（法学修士）

［教育界関係］

1976年　学校法人京都外国語大学理事長・総長（現）
　世界大学総長会議（IAUP）日本国内委員会委員
1982年　私立学校教職員共済組合審査会委員（文部大臣委嘱）
1988年　京都外国語大学・京都外国語短期大学学長
1991年　文部省大学設置・学校法人審議会委員（文部大臣任命）
1992年　日本私立大学協会副会長、関西支部長（現）
1993年　文部省日本ユネスコ国内委員会委員（文部大臣任命）
1994年　京都府教育委員会委員長（京都府知事任命）
　文部省学校法人運営調査委員（文部大臣任命）
1995年　世界大学総長会議（IAUP）副会長
1998年　アジア太平洋大学交流機構（UMAP）日本国内委員会監事
2000年　日本私立大学団体連合会国際交流委員会委員長（現）
2001年　国公私立大学団体国際交流担当委員長協議会（JACUIE）委員
2002年　文部科学省第2期中央教育審議会専門委員（大学分科会）（文部科学大臣任命）
2004年　財団法人日本高等教育評価機構理事
2006年　独立行政法人日本学生支援機構（JASSO）日本留学試験実施委員会委員長（現）
2008年　文部科学省第4期中央教育審議会専門委員（大学分科会）（文部科学大臣任命）
2009年　国公私立大学団体国際交流担当委員長協議会（JACUIE）副座長（現）

2012年　公益財団法人日本高等教育評価機構評議員（現）
　　　　アジア太平洋大学共同ネットワーク（APUCEN）
　　　　カウンシルメンバー（現）

［国際関係活動］

1978年　在京都メキシコ合衆国名誉領事〈外務大臣認証〉（現）
1987年　京都日米協会理事（現）
1994年　京都府ユネスコ協会連盟会長
2000年　京都スペイン文化協会会長（現）
2007年　京都日独協会理事（現）
2011年　在京都ニカラグア共和国名誉総領事〈外務大臣認証〉（現）
2012年　京都ラテンアメリカ文化協会会長（現）
2017年　京都ユネスコ協会名誉会長（現）

〈賞　勲〉

（国内）　旭日中綬章、藍綬褒章（教育功労）、
　　　　外務大臣表彰（文化交流貢献）、
　　　　文部大臣表彰（地方教育行政功労）、
　　　　京都府知事表彰、京都市国際交流賞、
　　　　福島県県外在住功労者知事表彰、会津若松市長表彰
（海外）　「イサベル・ラ・カトリカ勲章」（スペイン国王より）
　　　　「アギラ・アステカ勲章」（メキシコ合衆国大統領より）
　　　　「国家功労勲章」（フランス共和国大統領より）
　　　　「白玉蘭栄誉賞」（中国上海市人民政府）
　　　　「連帯大勲章」（キューバ共和国）
　　　　「イタリア連帯の星勲章」（イタリア共和国大統領より）
　　　　「ヘンリー航海王子勲章」（ポルトガル共和国大統領より）

　　　　その他にアメリカ合衆国、ブラジル連邦共和国、グアテマラ共和国、ボリビア共和国等各国より国家功労勲章並びに表彰。

2019年8月23日現在

京都外国語大学の沿革と戦後高等教育の歴史

1947年	◆	教育基本法と学校教育法が制定され、6・3・3・4制へ移行 高等教育制度が「大学」に一元化された
	5月	京都外国語学校を創設
1950年	◆	暫定的に「短期大学」を制度化
	4月	京都外国語短期大学を設置、京都外国語短期大学英語科（昼間部）を開設
1952年	4月	京都外国語短期大学英語科第二部（夜間部）を開設
1954年	4月	京都予備校を設置
1957年	4月	京都西高等学校を設置
1959年	4月	京都外国語大学を設置、京都外国語大学外国語学部英米語学科を開設
1961年	6月	森田一郎・倭文子、世界連邦国際会議（ウィーン大学）に日本代表として出席
1963年	4月	京都外国語大学外国語学部イスパニア語学科を開設
1964年	◆	「短期大学」を学校教育法に位置づけ
	◆	〈東京オリンピック開催〉
	4月	京都外国語大学外国語専攻科(英米語専攻)を開設
1965年	3月	京都外国語大学、海外セミナー（アメリカコース）を実施
1966年	4月	京都外国語大学外国語学部フランス語学科を開設
1967年	4月	京都外国語大学外国語学部ドイツ語学科、ブラジルポルトガル語学科を開設
1969年	3月	京都外国語大学、海外セミナー（ヨーロッパコース）を実施
1970年	◆	〈大阪で「日本万国博覧会」開催〉
1971年	4月	京都外国語大学大学院（修士課程）を設置、外国語学研究科英米語学専攻・フランス語学専攻・ドイツ語学専攻・ブラジルポルトガル語学専攻を開設
	10月	在京都メキシコ名誉領事館を本学園に開設
1972年	◆	〈日中国交正常化〉

	4月	京都外国語大学大学院（修士課程）外国語学研究科イスパニア語学専攻を開設
1974年	1月	京都外国語大学、州立サンフランシスコ大学（アメリカ）と国際交流協定を締結（国際交流協定大学第1号）
	4月	京都外国語大学外国語学部中国語学科を開設
1976年	8月	創立者森田一郎死去（享年74歳）
	9月	森田嘉一、京都外国語大学理事長・総長に就任
1977年	4月	京都西高等学校、第1回海外研修旅行（グアム島）を実施
1979年	◆	「国公立大学共通第一次学力試験」を初めて実施
1980年	4月	京都外国語大学留学生別科を開設、京都西高等学校外国語特進コースを開設
1982年	3月	京都外国語学校を廃校
1984年	◆	〈首相の諮問機関として臨時教育審議会（臨教審）を設置〉
1987年	◆	臨教審の提言を受けて文部省に「大学審議会」を創設
	5月	学園創立40周年記念式典・国際シンポジウムを開催
1989年	◆	〈元号が「平成」に改元〉
	3月	森田記念講堂、新キャンパス11号館・12号館竣工記念式典開催
	4月	京都外国語大学に博物館学芸員課程を開設、京都西高等学校国際文化コースを開設
1990年	◆	私立大学も参加して「大学入試センター試験」を実施
	4月	京都西高等学校体育コースを開設、国際言語平和研究所を設置
	10月	京都西高等学校国際文化コース、第1回ボストン語学研修旅行を実施
1991年	4月	京都西高等学校特進コースを開設

1992年	4月	京都外国語大学外国語学部日本語学科を開設、京都西高等学校、ベルモント高校（カナダ）と姉妹校提携を締結（海外姉妹校第1号）
1994年	11月	創立者森田倭文子死去（享年86歳）
1995年	◆	〈阪神・淡路大震災、地下鉄サリン事件発生〉
1997年	4月	京都外国語大学外国語専攻科東アジア言語・文化専攻を開設
	5月	学園創立50周年記念式典を開催
1998年	◆	〈長野冬季オリンピック・パラリンピック開催〉
	3月	京都予備校を廃止
	4月	京都外国語専門学校を設置
	8月	京都外国語専門学校、ヴァンクーヴァー・イングリッシュ・センター（カナダ）と国際交流協定を締結（国際交流協定校第1号）
1999年	7月	学園発祥の地に留学生宿舎「カレッジレジデンスA」を新設
2000年	◆	第三者評価の専門機関「大学評価・学位授与機構」が創設
2001年	4月	京都西高等学校、名称を京都外大西高等学校に変更
		京都ラテンアメリカ研究所を設立
2003年	4月	京都外大西高等学校、特進コースをスープリームとエクシードの2コースに分け、普通コースをチャレンジコースに改称
2004年	◆	国立大学の法人化、公立大学法人制度の創設、および私立学校法改正
	3月	新1号館竣工
	4月	京都外国語大学外国語学部イタリア語学科を開設
2005年	4月	京都外国語大学大学院外国語学研究科異言語・文化専攻に博士前期課程・後期課程を設置
	9月	京都外大西高等学校、天神川グラウンドを新設
2006年	3月	京都外国語大学外国語専攻科を廃止

2007年	3月	京都外国語大学大学院（修士課程）外国語学研究科英米語学専攻・イスパニア語学専攻・フランス語学専攻・ドイツ語学専攻・ブラジルポルトガル語学専攻を廃止
	4月	京都外国語大学外国語学部イスパニア語学科をスペイン語学科に改称、京都外国語短期大学英語科をキャリア英語科に改称、京都外大西高等学校、チャレンジコースをステラコースに改称
	5月	学園創立60周年記念式典を開催
2009年	3月	第2分館キャンパスに武道体育館を新設
2010年	3月	第2分館キャンパスに留学生宿舎「カレッジレジデンスB」を新設
	4月	京都外国語大学外国語学部国際教養学科を開設
2011年	◆	〈東日本大震災、福島第一原発事故が発生〉
	4月	在京都ニカラグア共和国名誉総領事館を本学園に開設
2012年	4月	京都外大西高等学校通信制課程普通科を開設
2015年	12月	在京都グアテマラ名誉領事館を本学園に開設
2016年	4月	京都ラテンアメリカ研究所を京都外国語大学ラテンアメリカ研究所に改称、 京都外大西高等学校通信制課程普通科 募集休止
2017年	◆	2020年度（2021年1月）から新テスト「大学入学共通テスト」に移行することを決定
	5月	学園創立70周年記念式典を開催
	7月	新4号館竣工
2018年	◆	中央教育審議会が「2040年に向けた高等教育のグランドデザイン」を提言
	4月	京都外国語大学国際貢献学部グローバルスタディーズ学科・グローバル観光学科を開設
2019年	◆	〈元号が「令和」に改元〉
2020年	4月	京都外国語大学外国語学部にロシア語学科を開設

著者略歴

平山 一城（ひらやま・かずしろ）

ジャーナリスト。1975年、北海道大学法学部を卒業し、産経新聞社に入社。社会部、経済部、外信部を経て米国ジョンズ・ホプキンス大大学院（SAIS）に留学、国際関係論の修士を取得。モスクワ特派員や論説委員、編集委員を歴任した。著書に『大学の淘汰が始まった！』（宝島社）『長野県知事・田中康夫がゆく』（扶桑社）『信州スタンダードで大丈夫か⁉』（産経新聞）『聞き語りシリーズ　リーダーが紡ぐ私立大学史』（悠光堂）など。

聞き語りシリーズ　リーダーが紡ぐ私立大学史③
京都外国語大学　森田 嘉一

2019年11月20日　　初版第一刷発行

企画・協力　日本私立大学協会

著　者　平山 一城
発行人　佐藤 裕介
編集人　冨永 彩花
制作人　遠藤 由子
発行所　株式会社 悠光堂
〒104-0045 東京都中央区築地6-4-5
シティスクエア築地1103
電話：03-6264-0523　FAX：03-6264-0524
http://youkoodoo.co.jp/
デザイン　J.P.C
印刷・製本　日本印刷株式会社

ISBN978-4-909348-25-8　C0036